ACCOUNTABILITY

João Cordeiro
ACCOUNTABILITY

A evolução da responsabilidade pessoal

O caminho da execução eficaz

ALTA BOOKS
GRUPO EDITORIAL
Rio de Janeiro, 2023

Accountability

Copyright © 2023 da Starlin Alta Editora e Consultoria Eireli.
ISBN: 978-85-508-2064-4

Impresso no Brasil – 1ª Edição, 2023 – Edição revisada conforme o Acordo Ortográfico da Língua Portuguesa de 2009.

Todos os direitos estão reservados e protegidos por Lei. Nenhuma parte deste livro, sem autorização prévia por escrito da editora, poderá ser reproduzida ou transmitida. A violação dos Direitos Autorais é crime estabelecido na Lei nº 9.610/98 e com punição de acordo com o artigo 184 do Código Penal.

A editora não se responsabiliza pelo conteúdo da obra, formulada exclusivamente pelo(s) autor(es).

Marcas Registradas: Todos os termos mencionados e reconhecidos como Marca Registrada e/ou Comercial são de responsabilidade de seus proprietários. A editora informa não estar associada a nenhum produto e/ou fornecedor apresentado no livro.

Erratas e arquivos de apoio: No site da editora relatamos, com a devida correção, qualquer erro encontrado em nossos livros, bem como disponibilizamos arquivos de apoio se aplicáveis à obra em questão.

Acesse o site **www.altabooks.com.br** e procure pelo título do livro desejado para ter acesso às erratas, aos arquivos de apoio e/ou a outros conteúdos aplicáveis à obra.

Suporte Técnico: A obra é comercializada na forma em que está, sem direito a suporte técnico ou orientação pessoal/exclusiva ao leitor.

A editora não se responsabiliza pela manutenção, atualização e idioma dos sites referidos pelos autores nesta obra.

Dados Internacionais de Catalogação na Publicação (CIP) de acordo com ISBD

C794a   Cordeiro, João
         Accountability: a evolução da responsabilidade pessoal / João Cordeiro. - Rio de Janeiro : Alta Books, 2023.
         152 p. : il ; 16cm x 23cm.

         ISBN: 978-85-508-2064-4

         1. Administração. 2. Gestão. 3. Accountability. I. Título.

2022-3886
                                                    CDD 658.401
                                                    CDU 658.011.2

Elaborado por Odílio Hilario Moreira Junior - CRB-8/9949

Índice para catálogo sistemático:
1. Administração : gestão 658.401
2. Administração : gestão 658.011.2

Produção Editorial
Editora Alta Books

Diretor Editorial
Anderson Vieira
anderson.vieira@altabooks.com.br

Editor
José Ruggeri
j.ruggeri@altabooks.com.br

Gerência Comercial
Claudio Lima
claudio@altabooks.com.br

Gerência Marketing
Andréa Guatiello
andrea@altabooks.com.br

Coordenação Comercial
Thiago Biaggi

Coordenação de Eventos
Viviane Paiva
comercial@altabooks.com.br

Coordenação ADM/Finc.
Solange Souza

Direitos Autorais
Raquel Porto
rights@altabooks.com.br

Assistente Editorial
Ana Clara Tambasco

Produtores Editoriais
Illysabelle Trajano
Maria de Lourdes Borges
Paulo Gomes
Thales Silva
Thiê Alves

Equipe Comercial
Adenir Gomes
Ana Carolina Marinho
Daiana Costa
Everson Rodrigo
Fillipe Amorim
Heber Garcia
Kaique Luiz
Luana dos Santos
Maira Conceição

Equipe Editorial
Beatriz de Assis
Betânia Santos
Brenda Rodrigues
Caroline David
Gabriela Paiva
Henrique Waldez
Kelry Oliveira
Marcelli Ferreira
Mariana Portugal
Matheus Mello
Milena Soares

Marketing Editorial
Amanda Mucci
Guilherme Nunes
Jessica Nogueira
Livia Carvalho
Pedro Guimarães
Talissa Araújo
Thiago Brito

Atuaram na edição desta obra:

Preparação de texto
Gabriele Fernandes

Diagramação
Camila Rodrigues

Revisão Gramatical
Vitória Doretto
Renata da Silva Xavier

Editora afiliada à:

ALTA BOOKS
GRUPO EDITORIAL

Rua Viúva Cláudio, 291 – Bairro Industrial do Jacaré
CEP: 20.970-031 – Rio de Janeiro (RJ)
Tels.: (21) 3278-8069 / 3278-8419
www.altabooks.com.br – altabooks@altabooks.com.br
Ouvidoria: ouvidoria@altabooks.com.br

Este livro foi escrito para **gestores** do mundo empresarial e do governo: presidentes, vice-presidentes, diretores, gerentes, supervisores e coordenadores de equipes, ou seja, pessoas que têm sob seu comando um grupo de colaboradores. Esses executivos e administradores sentem, cada vez mais, a necessidade de desenvolver seus times. Isso pode ser feito através de *feedbacks* atentos e constantes para seus colaboradores, reforçando o bom comportamento profissional e eliminando gradativamente as atitudes nocivas. Mas, também é preciso que o gestor seja Accountable perante a empresa, seus subordinados e a sociedade.

Com pequenas adaptações, este livro pode ser muito útil para **líderes informais**. Pais, avós, professores, monitores e educadores em geral, pessoas que têm o privilégio de poder moldar, direta ou indiretamente, os corações e as mentes da próxima geração.

Eu não encontrei esse tema por conta própria. Já conhecia a palavra, mas não o conceito. Foi ele quem me apresentou o conceito de Accountability e principalmente, me encorajou e me incentivou a escrever sobre esse tema. Bemvenutti, se não fosse você, esse trabalho não existiria. Muito obrigado.

AGRADECIMENTOS

Ninguém se faz sozinho, especialmente quando se trata de escrever sobre um tema inusitado no país, e de conceito tão abstrato. Recebi ajuda de muita gente. Cada um contribuiu à sua maneira, alguns criticando, outros pedindo melhores argumentos, outros trazendo histórias e faço questão de dividir com eles o mérito desse livro:

Debora Zonzini, Eugenio Mussak, Isis de Almeida, Juliana Feitosa Julio Fiadi, Laurent Cardon, Natalia Araújo, Vítor Pequeno, Vívian Carvalhais.

Não me recordo do nome de muitas pessoas, apesar de lembrar dos seus rostos. São participantes dos *workshops* que conduzi, que me ajudaram a elaborar melhor as metáforas e eleger as melhores histórias. À vocês meu muito obrigado.

AGRADECIMENTO ESPECIAL

À Betty Vidigal, que teve atuação brilhante como revisora, preparadora de texto, pesquisadora e especialmente ao me ajudar a elaborar melhores argumentos com os seus questionamentos.

Ao José Salibe Neto que me encorajou a escrever e mostrou o caminho para o título e subtítulo.

À UA (Universidade Ambev) que permitiu que apresentássemos esse conceito internamente; ao Grupo M.Cassab que abriu a porta para apresentarmos esse conceito de forma ainda muito crua, com o termo 'Responsabilidade'.

Apresentação

Passa por caminhos muito distantes do mar, o ofício de um navegante que se propõe a construir os próprios meios antes de zarpar. É o meu caso. Projetos, construção, financiamento, certificações, tributos e desafios de várias ordens são as pedras desse caminho. Essas dificuldades que, no caso das viagens por latitudes mais altas, o tornam além de viável, e, curiosamente, mais interessante.

Em um desses caminhos, encontrei João Cordeiro e seu discurso sobre Accountability. O ambiente dos consultores, palestrantes e treinadores corporativos não é distinto daquele dos navegadores, é apenas mais complexo ou turbulento. Conheço bem. Entrei nele de maneira amadora, do mesmo modo como comecei a navegar, e descobri um raro universo de especialistas e indivíduos de experiência e talento que se dedicam a transmitir o que sabem. Descobri também que nesse universo poucos são protagonistas do que professam, do mesmo modo como são raros os engenheiros navais que de fato navegam, ou os empresários que realmente empreendem e transformam. João é um desses, fala sobre o que faz e ostenta uma qualidade ainda mais rara e imprescindível nos tempos atuais: a generosidade. Ao contrário de empresas ou executivos que escondem a muitas chaves os segredos de seu sucesso, ele os lapida e distribui. Fez disso o seu negócio. E faz desse exercício de revelar o aprendizado que compila uma ferramenta poderosa de transformação, acessível até aos seus concorrentes. Gosto dessa prática.

Inserir-se neste meio não é tarefa que depende de talento, sucesso ou qualquer tipo de notoriedade como muitos imaginam, é missão que se inicia com o reconhecimento autêntico por parte de quem contrata e que se completa com o resultado do que se prega.

Este livro, Accountability, é sobre uma responsabilidade maior e universal. Algo muito importante para o Brasil, país de tantas qualidades e talentos, onde ainda é rara a atitude de formar para transformar, de fazer do próprio êxito, caminho para o êxito do próximo, de apostar no mérito das pessoas de um negócio, para fazê-lo maior e longevo.

Como consultor, o autor deste livro tem o valioso dom de, ao invés de dar conselhos, extrair o talento oculto que todo gestor tem, como palestrante (trata-se de saber ouvir antes de falar) e como formador (em relação à capacidade de dividir práticas que fazem as pessoas e suas organizações crescerem de fato). Esse livro é uma amostra ainda inaugural dessas aptidões e um promissor exercício de reflexão sobre a importância da cultura pró-ativa para as nossas organizações. Que não tardem os próximos livros do João.

AMYR KLINK

Comandante de embarcação, autor dos livros *Cem dias entre céu e mar*, *Mar sem fim* e *Paratii* e fez as mais incríveis expedições náuticas já relatadas.

PREFÁCIO

De vez em quando surgem umas palavras novas para conceitos que já existiam, como *bullying*, por exemplo. O termo é relativamente novo, mas o conceito é bem antigo; quase todos tivemos problemas, quando éramos crianças, na escola. A gente apanhava, batia, era xingado, xingava de volta e pronto. Se fosse reclamar em casa, a coisa piorava, então era melhor resolver na escola mesmo. Hoje, o problema tomou uma proporção maior, talvez por causa das redes sociais, mas no fundo é o mesmo de sempre, só que não tinha esse nome chique. Aliás, acho que nem havia um nome para isso.

Com *Accountability* acontece a mesma coisa. Até recentemente, eu nunca tinha ouvido essa palavra, mas seu significado, *pegar a responsabilidade para si e gerar respostas com resultados*, não é novidade para mim, nem para muitos da minha geração.

Podemos observar isso no esporte. O basquete, por exemplo, é um jogo de impacto e confronto; o jogador adversário parte para cima, para arrancar a bola da sua mão e, uma vez que a bola está com você, não dá para pôr a culpa na cesta ou na quadra. A responsabilidade é toda sua, principalmente na hora de bater a falta, quando toda torcida adversária fica gritando em coro: "Erra! Erra! Erra!".

Quando eu tinha dezesseis anos, ainda morando em Brasília, botei na cabeça que queria ser um dos melhores jogadores de basquete do país. Fui procurar um técnico e perguntei a ele o que eu deveria fazer. Ele respondeu sem pensar: "Oscar, Oscar, Oscar! Você tem que dormir com a bola, Oscar!". Levei três meses para descobrir que isso era apenas uma metáfora. E acho que sempre foi assim: eu tinha uma ideia, alguém apontava um caminho e eu fazia o resto, ia atrás, persistindo, errando e acertando, até conseguir.

Fiz tantas cestas que a mídia me apelidou de "Mão Santa". Até hoje, quando viajo pelo Brasil, encontro quem me chame carinhosamente dessa forma, pensando que está me fazendo um elogio e que vou ficar lisonjeado. Na realidade, fico irritado, porque atribuir meus resultados a um poder divino é retirar de mim todo o esforço que empreguei, treinando sozinho, arremessando a bola na tabela cem, duzentas, trezentas vezes, e, frequentemente, de olhos fechados. Me tornei um dos melhores jogadores de basquete do Brasil, não por sorte, talento nato ou ajuda divina, mas por esforço próprio. Fui muito incentivado e aconselhado por técnicos e colegas – afinal, ninguém se faz sozinho –, mas o esforço original era meu. No basquete, fui Accountable, e nem sabia que existia uma palavra para isso.

Hoje, tenho uma segunda carreira, também de muito sucesso, como palestrante profissional. Quando converso com pessoas desse segmento, percebo que estou entre os profissionais mais solicitados do país. Muitos ex-esportistas tentaram esse caminho, mas, infelizmente, nem todos conseguiram se manter nesse mercado. Mais uma vez, não é por sorte, talento nato ou ajuda divina, mas sim por esforço próprio que consigo fazer bem o que faço. Verdade seja dita, tenho sido muito incentivado e aconselhado, porque também no mundo das palestras ninguém se faz sozinho. Mas o esforço maior é sempre o meu. Nas palestras, eu também tenho sido Accountable, mas agora sei que há uma palavra para isso.

Seja você um líder, gestor, pai ou mãe, neste livro vai encontrar, de forma bem clara, não só os passos para ser Accountable, mas a forma como pode ajudar os outros a ser Accountables ou Pessoas Excelentes. Vai descobrir que existe também o contrário, a pessoa não accountable, que sempre põe a culpa nos outros e inventa desculpas para suas falhas. E vai aprender como lidar com essas pessoas e, principalmente, como ajudá-las, se isso estiver ao seu alcance.

Conheço bem o tema, porque acompanho a elaboração deste livro desde o começo, quando contratei o João Cordeiro como meu *coach*, para me ajudar a desenvolver, formatar e entregar melhores palestras. Aprendi muita coisa com ele e tenho certeza de que ele também aprendeu comigo. Juntos, conversamos sobre assuntos em comum, meus e dele, e por isso tenho tanta certeza de que muita gente poderá se beneficiar com os conceitos da Accountability e se tornar uma Pessoa Excelente.

OSCAR SCHIMDT

O "Mão Santa", foi uma das maiores estrelas do basquete mundial, esteve em 5 Olimpíadas Mundiais e é autor do livro *Conquistando o sucesso*

DA GENTE QUE EU GOSTO

Eu gosto de gente que vibra, que não tem de ser empurrada, que não tem de dizer que faça as coisas, mas que sabe o que tem que fazer e que faz. A gente que cultiva seus sonhos até que esses sonhos se apoderam de sua própria realidade.

Eu gosto de gente com capacidade para assumir as consequências de suas ações, de gente que arrisca o certo pelo incerto para ir atrás de um sonho, que se permite, abandona os conselhos sensatos deixando as soluções nas mãos de Deus.

Eu gosto de gente que é justa com sua gente e consigo mesma, de gente que agradece o novo dia, as coisas boas que existem em sua vida, que vive cada hora com bom ânimo dando o melhor de si, agradecido de estar vivo, de poder distribuir sorrisos, de oferecer suas mãos e ajudar generosamente sem esperar nada em troca.

Eu gosto da gente capaz de me criticar construtivamente e de frente, mas sem me lastimar ou me ferir. Da gente que tem tato. Gosto da gente que possui sentido de justiça. A estes chamo de meus amigos.

Eu gosto da gente que sabe da importância da alegria e a pratica. Da gente que por meio de piadas nos ensina a conceber a vida com humor. Da gente que nunca deixa de ser animada.

Eu gosto de gente sincera e franca, capaz de se opor com argumentos razoáveis a qualquer decisão.

Gosto de gente fiel e persistente, que não descansa quando se trata de alcançar objetivos e ideias.

Eu gosto da gente de critério, que não se envergonha em reconhecer que se equivocou ou que não sabe algo. De gente que, ao aceitar seus erros, se esforça genuinamente por não voltar a cometê-los. De gente que luta contra as adversidades. Gosto de gente que busca soluções.

Eu gosto da gente que pensa e medita internamente. De gente que valoriza seus semelhantes, não por um estereótipo social, nem como se apresentam. De gente que não julga, nem deixa que outros julguem. Gosta de gente que tem personalidade.

Eu gosto da gente que é capaz de entender que o maior erro do ser humano é tentar arrancar da cabeça aquilo que não sai do coração.

A sensibilidade, a coragem, a solidariedade, a bondade, o respeito, a tranquilidade, a alegria, a humildade, a fé, a felicidade, o tato, a confiança, a esperança, o agradecimento, a sabedoria, os sonhos, o arrependimento, e o amor para com os demais e consigo próprio são coisas fundamentais para se chamar GENTE.

Com gente como essa, me comprometo, para o que seja, pelo resto de minha vida... já que, por tê-los junto de mim, me dou por bem retribuído.[1]

---

[1] Referências sobre a obra em http://www.recantodasletras.com.br/prosapoetica/2277930

Sumário

CAPÍTULO 1 – O que é Accountability e que benefícios traz para sua vida   **01**

O que você ganhará conhecendo mais sobre a Accountability	01
Três tipos de Accountability	04
Três elementos da Accountability pessoal	06
Entre responsabilidade e Accountability, há uma certa distância	08
A metáfora dos dois holofotes	09
Dois poderosos aplicativos da nossa mente	11

CAPÍTULO 2 – A evolução da responsabilidade na humanidade   **15**

Um mundo melhor	15
Mitologia e religião monoteísta – Seu papel na evolução da responsabilidade	16
A Accountability, naturalmente, não evolui no coletivo	21
Ser apenas responsável já não é o suficiente	23
Nosso conceito de responsabilidade também deve evoluir	24
Seis níveis de responsabilidade & Accountability	25
Em que nível atuar para continuar evoluindo?	27

CAPÍTULO 3 – As pessoas bem-sucedidas e a Accountability   **31**

A relação entre ser bem-sucedido e a Accountability	31
Na vida ou no trabalho, não podemos contar sempre com a sorte	33
Inteligência abre portas, mas não as mantêm abertas	34
Se a Accountability é uma virtude, por que não a ensinam nas escolas?	38

CAPÍTULO 4 – A culpa é minha e ponho em eu quem quiser!   **43**

O que podemos aprender com Homer Simpson	43
Por que algumas pessoas sempre culpam outros ou dão desculpas?	45
Ciclo de Vítima	50
Culpar ou dar desculpas são formas de se obter o controle da situação?	51

CAPÍTULO 5 – As dez desculpas que os gestores mais ouvem — 55

1 "Eu não sabia!" — 55

2. Não recebi o e–mail!" — 56

3. "Isso sempre foi feito dessa maneira!" — 57

4. "Eu só fiz o que me mandaram!" — 57

5. "Eu já enviei o e-mail!" — 58

6. "Eu fiz a minha parte!" — 59

7. "Isso não é minha função!" — 60

8. "Já deu o meu horário!" — 60

9. "Esse cliente não é meu!" — 61

10. "Esse problema não é meu!" — 62

CAPÍTULO 6 – Pessoas comuns não agregam valor — 67

"O problema não é meu."– O caso da companhia aérea e de como a indiferença
de uma comissária de bordo deu início a uma poderosa campanha negativa — 68

"Ele esteve aí e não tinha ninguém."– A companhia de energia elétrica
que gostava mais de desligar a energia do que de religá-la — 71

"Quem salvou nossa vida, foi um corretor."–
Três empresas que se uniram contra um jovem casal — 73

CAPÍTULO 7 – A força das perguntas — 79

Perguntas de culpabilidade: as que empurram a culpa para os outros — 81

Perguntas de respondabilidade: as que puxam para si a responsabilidade — 82

CAPÍTULO 8 – Accountables ou pessoas excelentes agregam muito valor — 87

Dimep – Do mundo eletromecânico para o mundo eletrônico,
sem perder o foco e nem o mercado — 88

Ambev – Transformando pessoas comuns em pessoas excelentes — 90

Banco PanAmericano – Accountability não vem com cargos e nem com títulos — 92

CAPÍTULO 9 – Como criar Accountables a partir de pessoas comuns   **97**

Sem transparência, não há *feedback* genuíno   98

Como dar um *feedback* genuíno   100

Como receber genuinamente um *feedback*   105

CAPÍTULO 10 – Como sustentar a transforamção   **109**

Cultura de transparência   109

Principais diferenças entre a cultura fechada e a cultura transparente   110

Os cinco desafios para se implantar uma Cultura de Transparência   111

CAPÍTULO 11 – A relação entre Accountability, bem-estar e felicidade   **115**

Pesquisas sobre felicidade   116

Do que é composta a nossa felicidade?   117

Como a Accountability pode nos ajudar a sermos mais felizes?   119

Considerações finais   **123**

Referências bibliográficas   **125**

Livros   125

Sites   126

Filmes   127

Capítulo 1

O que é a Accountability e que benefícios ela traz para sua vida

Agir, eis a inteligência verdadeira. Serei o que quiser ser.
Mas tenho que querer o que for.

– Livro do desassossego, Fernando Pessoa –

O que você ganhará conhecendo mais sobre a Accountability

Este livro é um convite para refletirmos sobre um conceito que não é comum no nosso idioma: a Accountability pessoal, apresentada aqui como uma virtude moral.

Virtude moral é o que leva o ser humano a exercer sua capacidade de praticar o bem. Não há antônimo para essa expressão. Para se falar no contrário de virtude, é preciso usar mais de uma palavra; seria algo que unisse fraqueza (fraco), mania e defeito moral.

Aristóteles não acreditava que nascêssemos prontos, do ponto de vista moral, e sim que as virtudes deveriam ser adquiridas durante a formação do indivíduo e aprimoradas ao longo da vida.

A Accountability pessoal é uma virtude relacionada à habilidade de pegar a responsabilidade para si e gerar respostas com resultados positivos. Assim como a definição original do pensador grego citada anteriormente, também a Accountability precisa ser adquirida e aprimorada.

O contrário de Accountability poderia ser, talvez, *Desculpability*: a habilidade de se livrar de qualquer responsabilidade, colocando a culpa nos outros ou nas circunstâncias. O problema é que a *Desculpability*, infelizmente, é inata. É instintiva. Nascemos prontos para culpar as pessoas ou circunstâncias de forma a nos defender de críticas e não assumirmos nossos erros. A *Desculpability* também pode ser aprimorada. Há muitos casos desse "aprimoramento" nas famílias, no trabalho, na sociedade e principalmente no governo. Esse aprimoramento é provocado pela falta de bons modelos a serem seguidos, por pessoas que estão na nobre posição de liderança e que deveriam agir como fortes exemplos, mas optam por não o serem.

Se fizermos uma comparação com a Teoria de Mecanismos de Defesa definidos por Freud[1], talvez *Projeção* seja o mecanismo que mais se aproxima da *Desculpability*, em que sentimentos próprios e indesejáveis são atribuídos a outras pessoas.

A Accountability é uma virtude poderosa que muitas pessoas vivenciam de maneira intuitiva, sem se dar conta de que isso tem um nome. Simplesmente agem de acordo com o que sua consciência manda. Fazem o que é certo, respondem de forma correta a cada situação, adaptam-se aos problemas do cotidiano. Talvez você seja uma pessoa assim: poderosa e transformadora.

Todos os processos mentais de quem foi, genuinamente, tocado pela Accountability, se transformam. Sem perceber, essa pessoa eleva seu nível de percepção e de atuação diante das circunstâncias e dos desafios naturais da vida.

Ser Accountable é pegar para si a responsabilidade.

Venho falando sobre esse tema desde 2007, e o que tenho ouvido de participantes dos meus workshops é que a prática e a vivência da Accountability os ajudam a se tornar pessoas melhores em diversas dimensões, inclusive no campo profissional.

Ao praticar a Accountability, você se torna:

- *Um profissional mais completo*, porque deixa de lado o hábito de dar desculpas e justificativas e passa a entregar resultados mais consistentes. Cada pessoa é um potencial influenciador de seus colegas, de seus clientes, de seus superiores e de seus colaboradores diretos. O modo Accountable de trabalho beneficia a todos.

---

[1] Os mecanismos de defesa foram identificados por Sigmund Freud. Neste caso, o mecanismo que age é o da Projeção, ou seja, para se defender, a pessoa projeta em outra(s) a responsabilidade ou a culpa por seus fracassos.

O QUE É A ACCOUNTABILITY E QUE BENEFÍCIOS ELA TRAZ PARA SUA VIDA

- *Um gestor mais focado em resultados,* porque torna-se cada vez mais exigente consigo mesmo e menos tolerante com níveis baixos de responsabilidade, procurando reunir em seu quadro pessoas realmente especiais. Seus *feedbacks* são mais precisos, porque são baseados nas microatitudes de seus colaboradores e não apenas no desempenho deles.

- *Um pai ou uma mãe melhor,* porque aprende a lidar bem com seus filhos, ajudando-os a ser independentes e mais responsáveis pelas próprias decisões. Crianças maravilhosas são as que aprendem desde cedo a importância do respeito, da disciplina e da transparência, elementos estreitamente ligados à Accountability. Toda pessoa bem-sucedida é fruto de uma sucessão de circunstâncias.

- *Um filho melhor,* porque desenvolve uma percepção mais clara das suas responsabilidades no contexto familiar. Os filhos tendem a transferir para os pais parte das suas atribuições, tanto as financeiras quanto as do dia a dia – e até deveres escolares. Os pais, frequentemente, aceitam, sem refletir, funções e responsabilidades que na realidade não são deles. De nada adianta alguém tentar ser um gestor melhor no trabalho, se mantiver no contexto familiar a postura de culpar seus pais.

- *Uma pessoa com maiores chances de sobrevivência em situações de emergência.* Naturalmente, você espera não ter de enfrentar essas situações. Mas o fato é que existe uma correlação direta entre o ato de ir buscar socorro e o de sobreviver. Pessoas que se mantêm em estado de alerta, antenadas, tomando para si a responsabilidade num momento crucial, têm muito mais chance de identificar soluções e sobreviver do que as que delegam essa função ao destino ou às autoridades e esperam chegar o socorro.

- *Um ser humano mais desenvolvido,* porque definitivamente ninguém atingiu seu limite máximo de desenvolvimento. Podemos e devemos crescer sempre, aprendendo como despertar a Accountability, que pode estar adormecida dentro de nós. Quando você para de culpar os outros ou as circunstâncias por não atingir seus objetivos pessoais, adquire maior relevância no trabalho, na família e no seu círculo de amigos. Quem é Accountable torna-se mais consciente de suas responsabilidades e também de seus limites – como pessoa e como cidadão. Torna-se uma importante fonte de soluções, jamais de problemas.

Voltando à citação de Fernando Pessoa: "Serei o que quiser. Mas tenho que querer ser o que for". O que quer que você deseje ser, você vai precisar *agir* para atingir esse objetivo. O poeta não usou a palavra Accountability, apesar de ter sido alfabetizado em inglês antes de aprender a ler e escrever em português. No entanto, sabia muito bem o significado dessa palavra:

> Agir, eis a inteligência verdadeira. Serei o que quiser. Mas, tenho que querer o que for. O êxito está em ter êxito, e não em ter condições de êxito. Condições de palácio tem qualquer terra larga, mas onde estará o palácio se ali não o fizerem?[2].

Três tipos de Accountability

Accountability é uma dessas palavras inglesas que exige uma frase inteira na nossa língua para ser traduzida. O termo é usado em diversas situações, sempre relacionadas ao conceito de que alguém (uma pessoa, uma instituição ou um governo) deve prestar contas a outros (à sociedade, aos clientes, aos colaboradores, à família, aos acionistas, etc.).

Durante algum tempo, buscando a maneira mais compreensível para traduzir esse conceito, usei o neologismo *ResponDabilidade*, criado por mim e por João Carlos Bemvenutti[3]. O termo ResponDabilidade representa uma responsabilidade maior, universal, mas depois de empregá-lo por algum tempo nos workshops, percebi que havia uma certa resistência a essa expressão. Tenho ouvido outras palavras, tentativas de sinônimos para uma boa tradução, como *protagonismo*, que subentende que cada pessoa deve tornar-se protagonista da própria vida. Ou seja, assumir o papel mais importante, o papel central, em contraposição ao de espectador, de quem se limita a assistir ao que se passa diante dos olhos, esperando que as coisas aconteçam para o seu bem, sem agir. Outro termo utilizado com sentido semelhante é *responsividade,* indicando que a pessoa deve gerar *respostas responsáveis,* de forma proativa, ao invés de se manter passiva e esquivar-se das responsabilidades.

Três locuções aparecem com maior frequência: Accountability Governamental, Accountability Contábil e Accountability Pessoal ou Individual.

---

[2] Livro do Desassossego, escrito pelo heterônimo Bernardo Soares.

[3] Palestrante, diplomata, publicitário, ex-professor de pós-graduação na ESPM. Atualmente, está aposentado e viajando pelo mundo.

A Accountability Governamental está ligada à prestação de contas pelas ações do governo central, dos ministérios e de outros órgãos. Deve ser praticada por políticos e funcionários públicos. Alguns países têm departamentos ou secretarias específicas para isso. Nos Estados Unidos, por exemplo, há o GAO – U.S. Government Accountability Office[4], com sede na capital, Washington. O GAO é totalmente independente e funciona como um cão de guarda da Constituição e de seus valores. Não está ligado a nenhum partido. Sua missão é prestar contas ao Congresso sobre as ações dos demais órgãos federais, avaliando sua integridade e a consistência na qualidade de entrega dos seus trabalhos.

A Accountability Contábil envolve a prestação de contas em assuntos relacionados à contabilidade (tesouraria, tributação, balanço patrimonial, etc.). Em um passado distante, os bens de cada pessoa eram registrados (contados, contabilizados) pelo indivíduo mais idôneo da aldeia ou vilarejo. Quando um cidadão morria, cabia a essa pessoa procurar sua família e prestar contas de tudo o que tinha sido registrado em nome do falecido. Observe que, neste contexto, está implícita a postura proativa da pessoa que detém as informações. Ou seja: quem tem a posse das informações tem o dever de procurar a outra parte, para compartilhar o que sabe, sem esperar que alguém o procure. Hoje, empresas de capital aberto, por exemplo, têm a obrigação legal de prestar

---

[4] GAO – U.S. Government Accountability Office. Disponível em: <http://www.gao.gov/>. Acesso em: 26/09/2013.

contas aos seus acionistas e investidores, garantindo o uso correto do capital e minimizando desvios de conduta. Esse setor vem recebendo exigências mais rigorosas de prestação de contas depois dos escândalos financeiros em empresas como Enron, Tyco International, WorldCom, e outras, que tiveram reflexos na economia mundial.

A Accountability Pessoal é a postura ética ativa de uma pessoa com relação a outras. Tal habilidade leva essa pessoa a crescer acima e além das circunstâncias, fazendo tudo o que está ao seu alcance para atingir os melhores resultados, principalmente no que se refere às responsabilidades do dia a dia, tanto no ambiente familiar quanto no profissional.

É um estado de espírito, uma filosofia de vida, que se instala na mente da pessoa, levando-a a ter coragem de perguntar a si mesma: "Como posso contribuir?" ou "Como posso fazer diferença para ser melhor?"

Três elementos da Accountability pessoal

Accountability Pessoal é pegar para si a responsabilidade e gerar respostas com *resultados*. Depois de falar sobre esse tema para mais de seis mil participantes em meus workshops, percebi que as pessoas entendem melhor o que é a Accountability Pessoal quando percebem que essa virtude é formada por três elementos muito fortes:

1. Proatividade – Ajuda-nos a entender que ser Accountable significa não esperar ser levado pelas circunstâncias ou convocado pela família, pela equipe, pelos clientes, pelo chefe ou pelo mercado para agir como responsável. As atitudes de passividade ou de "ficar esperando" não combinam com Accountability. A ação responsável faz parte da pessoa Accountable.

2. *Mão única* – Alerta-nos para o fato de que ser Accountable significa saber que o ato de prestar contas deve partir de nós em direção às circunstâncias e não no sentido inverso. Inverter o sentido da prestação de contas também não combina com Accountability.

3. *Humildade* – Lembra-nos de que o ato de prestar contas é, em si, uma postura de grande respeito pelo outro. Abrange desde a atitude mais simples, como perceber qual parte da responsabilidade deve ser assumida por nós, até as mais complexas, como admitir um erro. Orgulho e arrogância não combinam com Accountability.

Entre responsabilidade e Accountability, há uma certa distância

Em inglês, é comum encontrar em uma mesma frase as palavras *Responsibility* e Accountability. Poderíamos dizer que o sentido da primeira é a *responsabilidade primária* e o sentido da segunda é a *Responsabilidade Final*, a última ação que resolveu um problema ou situação.

Independentemente de como vamos usar esses termos, não podemos banalizar a tradução, igualando Accountability à Responsabilidade. São conceitos próximos, mas diferentes, podem ser confundidos. A maneira mais simples que encontrei para distinguir um conceito do outro é usar uma metáfora:

Imaginem que uma jovem mãe precise deixar o filho pequeno aos cuidados de sua irmã. A primeira pergunta que faço é: a tia tem responsabilidade suficiente para tomar conta da criança? Com raras exceções, a resposta será: "Definitivamente, sim!" Mas não seria bom se ela recebesse da mãe um bilhete com orientações? Algo como:

> Lembre-se de que ele não pode ingerir nada que tenha corante! Se for picado por pernilongo, use a pomada que está na maleta. Ontem ele estava um pouco febril; se a febre voltar, dê 20 gotas do antitérmico que está no bolso externo da maleta.

Qualquer pessoa concordará que é bom que a tia receba um bilhete assim. Faço então outra pergunta: a mãe da criança também precisa desses lembretes? Resposta: "Definitivamente, não!" Mas, no caso da tia, é melhor que ela leve o bilhete na bolsa, se for sair com o sobrinho.

Isso ilustra a diferença entre Responsabilidade e Accountability. Para a tia, a responsabilidade chega de fora, é "externa". Ela precisa de instruções, até por escrito, sobre como agir em algumas situações. Pode cuidar do sobrinho com alegria e pode seguir as instruções corretamente, mas esse cuidado não é inerente a ela, não faz parte dela. No caso da mãe, sua Accountability com relação ao filho é uma condição interna, tudo de que ela precisa para cuidar da criança está instalado dentro de sua mente, é algo intrínseco a ela. Faz parte de seu ser.

Podemos concluir que a tia atua em um nível básico de responsabilidade, enquanto a mãe atua em um nível superior. A tia é responsável, a mãe é

Accountable. Falta em nosso idioma uma palavra que indique esse nível superior de Responsabilidade.

A Accountability é, por definição, a atitude de *pegar a responsabilidade para si e gerar respostas com resultados.*

No plano pessoal, podemos dizer, por exemplo, que um jovem que mora com seus pais *gera respostas com resultados* quando assume uma postura ativa em casa, cuida bem do seu espaço físico, tem uma vida acadêmica produtiva, mantém um estado de alerta ativo com relação à sua saúde e ao bem-estar dos outros membros da família, dos seus amigos, de sua namorada. Para um adulto, *gerar respostas com resultados* significa ser cada vez mais responsável por sua vida, ser financeiramente independente, manter equilíbrio entre seus ganhos e seus gastos, constituir uma família e zelar por ela, cultivar relacionamentos sociais que agreguem valor à sua vida.

No mundo corporativo, gerar *respostas com resultados* pode significar, por exemplo, obter bons resultados operacionais; oferecer contribuições produtivas nas reuniões, colaborando para que a empresa alcance suas metas; contribuir para um clima de cooperação; compartilhar seu bom-humor; agregar motivação; agir construtivamente como membro de uma equipe, apresentando novas ideias e sabendo aceitar as iniciativas alheias.

A METÁFORA DOS DOIS HOLOFOTES

Imaginem um espaço com plateia, palco, bastidores, luzes, sistema de som, tudo o que é preciso para fazer funcionar uma grande casa de espetáculos. A peça encenada nesse teatro chama-se *O Fracasso* e gira em torno de personagens para quem tudo dá errado. O clima é de derrota. As falas dos atores estão cheias de justificativas, ouvem-se desculpas a todo momento, há muitos dedos apontando possíveis culpados. Os diálogos têm frases como: "Eles pisaram na bola!", "A escola é ruim, e ainda por cima o professor é péssimo!"; "Esse fornecedor não serve, quem o escolheu?", "Claro que não vamos sair do vermelho, o mercado não reagiu!" e "Não foi minha culpa, o sistema travou!". Há sempre alguém afastando de si qualquer responsabilidade. O diretor dirige os holofotes para os atores, mas todos fogem da luz, ninguém quer aparecer nessas cenas. **A derrota é um holofote que todos evitam, ninguém quer ser "iluminado" por ele.**

Agora imaginem o mesmo teatro, com os mesmos atores, instalações e recursos, mas encenando uma peça que fala sobre algo que foi bem feito, uma meta que foi atingida. O clima é de vitória. O nome da peça é *O Sucesso*. As falas dos atores abusam da primeira pessoa do singular: "*Eu* fiz!", "*Eu* resolvi!", "*Eu* chamei o fornecedor!", "Atingi a *minha* meta!", talvez apareçam algumas frases na primeira pessoa do plural: "*Nós* conseguimos!" O diretor comanda o holofote para destacar um ou outro ator, mas todos se atropelam tentando ficar em evidência, todos querem ser vistos. Por fim, pedem para o contrarregra iluminar o palco todo para receberem os aplausos da plateia. A euforia é geral. Todos querem aparecer, falar e se expor. **A vitória é um holofote cujo foco todos desejam.**

Muitos gestores, principalmente os mais juniores, não têm uma consciência precisa de que peça estão encenando. Não sabem se o que está em cartaz no seu teatro é *O Sucesso* ou *O Fracasso*. Em vez de tentarem interpretar as microatitudes da sua equipe, acabam dando importância indevida aos processos e à pressão por resultados. Com isso, permitem que a cultura de culpar as circunstâncias contamine sua empresa ou seu departamento. Talvez nem percebam a grande oportunidade que estão proporcionando aos concorrentes.

Mas há salvação. A Accountability pode ser aprendida. Quanto mais cedo, melhor. Quem realmente incorpora essa filosofia de vida passa a influenciar outras pessoas que, por sua vez, também começam a vivenciá-la. No ambiente de trabalho isso se torna parte da Cultura Empresarial, com elementos que levam as pessoas a sentirem a empresa como sua propriedade. Agem como donos, responsáveis, com autonomia, abraçando a transparência e também o enfrentamento de ideias. Uma empresa que valoriza a Accountability é uma grande pedra nos sapatos de seus concorrentes.

Essa virtude maravilhosa, que traz benefícios enormes para o indivíduo e para as pessoas à sua volta, pode ser mal compreendida. Já entrevistei pessoas que, por terem muita iniciativa, são vistas pelos colegas como "puxa-saco" ou "fazedor de média", são acusadas de "querer aparecer"para o chefe. Da mesma forma, o empregador pode não perceber que uma nova ideia apresentada por um colaborador é reflexo de seu comprometimento com a empresa, e não mais uma "pentelhação" que a equipe está trazendo.

O gestor pode ter a impressão inicial de que uma equipe de Accountables dará mais trabalho, porque essas pessoas se manifestam mais, são questionadoras. Mas logo perceberá que, justamente por isso, os Accountables oferecem melhores soluções para os problemas da empresa e as soluções que apresentam se mostram mais eficazes. A médio prazo, os bons resultados irão aparecer. A longo prazo, esses resultados se mostrarão duradouros.

Enfim, responsabilidade, "espírito de dono"[5], iniciativa, proatividade, comprometimento e protagonismo são comportamentos que fazem parte da Accountability e interligam-se com uma filosofia de vida que influencia a qualidade de todas as nossas escolhas e decisões. Quem tem essas posturas e atitudes fortemente enraizadas faz escolhas mais maduras, diretamente relacionadas ao sucesso. Se você age assim, todos compreendem que você sabe do que fala, cumpre o que promete e que, se algo não der certo por eventual falha sua, você irá assumir a responsabilidade por essa falha e reparar o erro. Se você é Accountable, os outros saberão que podem contar com você. Sua palavra é extensão do seu caráter, é a expressão da sua verdade.

O inverso também é verdadeiro. As pessoas que têm um comportamento não Accountable (em inglês, *un*Accountable) têm nítida ausência dessas qualidades. Essas pessoas frequentemente são vistas como "um encosto" pela família e pelos amigos, apresentando um histórico de fracassos na vida pessoal e profissional.

A Accountability talvez não seja garantia de alto saldo bancário, mas nunca encontrei uma pessoa bem-sucedida que não seja Accountable em todos os aspectos de sua vida. Ser bem-sucedido e ser Accountable são processos definitivamente interligados.

DOIS PODEROSOS APLICATIVOS DA NOSSA MENTE

Como já vimos, a Accountability nos leva a aceitar desafios e assumir responsabilidades. Leva-nos a gerar respostas com resultados, jamais apontando culpados nem inventando desculpas se algo não sair como esperávamos.

---

[5] Ou seja, pensar e agir como se fosse o dono da empresa.

É um estado de alerta que desenvolve nossa percepção, e essa percepção aguçada faz com que nossas escolhas e decisões sejam cada vez melhores.

A Accountability é uma virtude, por isso precisa ser adquirida e aprimorada. Ela atua como um aplicativo de Super-Responsabilidade. Nossa mente é como um computador cujo sistema operacional inclui crenças, valores e princípios – mas inclui também alguns vícios mentais, como *apego*, *comparação* e *expectativa*, essa suíte de aplicativos tem impacto direto no modo como agimos e na nossa interpretação do mundo que nos cerca.

Assim, esse conjunto de aplicativos precisa ter o arquivo de instalação ativado para que possa começar a rodar. A decisão de clicar no botão de *Instalar* impacta todos os aspectos de nossa vida e nos transforma em uma versão avançada de nós mesmos. É um *upgrade*. Quem opta por executar esses aplicativos indica que escolheu ser uma pessoa melhor.

O arquivo de instalação do aplicativo Accountability não está no sistema, é necessário baixar esse arquivo e procurar atualizações. Em casos ainda mais raros e complexos, a configuração do sistema operacional da mente de uma pessoa demonstra ser incompatível com o programa de Super-Responsabilidade, pois existem aplicativos instalados na "versão de fábrica" de nossa mente que impedem que sejamos mais produtivos. O "Sentimento de Vítima", por exemplo, instala-se automaticamente, já na infância. Todos nascemos com esse programa, que nos leva a inventar desculpas e culpar os outros, sempre colocando-nos como vítimas das circunstâncias.

Para uma correta instalação da Accountability, temos que desinstalar o "Sentimento de Vítima". Os dois programas são incompatíveis. A Accountability não roda enquanto o "Sentimento de Vítima" estiver no sistema.

Lembre-se: a Accountability é opção sua. Ninguém é obrigado a pensar e agir de forma Accountable. É uma escolha individual, mas quando a Accountability está ativa e atualizada, você atinge suas metas mais rapidamente, mesmo que tenha que enfrentar dificuldades.

"SE EU PERDESSE, ERA CULPA MINHA." – O CASO
DO RESERVA QUE ESCOLHEU O SKATE

Bob Burnquist é um skatista brasileiro, pai de diversas manobras radicais e campeão internacional da MegaRampa. Salta de paraquedas, pilota seu próprio avião e é empresário do mundo do skate, sendo considerado pelos críticos do esporte como um dos maiores e mais completos skatistas do mundo.

Quando criança, participando de um torneio de handball cujo time se tornou campeão, ele se recusou a receber a medalha como os demais colegas, por acreditar que não havia contribuído para a conquista do título. Ele tinha ficado o tempo todo no banco de reservas e não achou correto receber uma condecoração sem ter tocado na bola.

Decidiu mudar para um esporte no qual as medalhas que ganhasse ou perdesse viessem exclusivamente do seu esforço. "Nada contra esporte coletivo", disse, em entrevista à revista Trip, "Mas ali vi que eu precisava de um que dependesse só de mim. Se eu perdesse, era culpa minha; se eu ganhasse, o mérito era só meu". Os resultados no skate e o sustento da sua família dependem hoje única e exclusivamente da sua performance.

Com esse exemplo, deixo um convite para que despertemos o skatista presente dentro de nós. Assim, não podemos depositar nas circunstâncias expectativas de sucesso, e passar a ser cada vez mais responsáveis pelo nosso destino.

Assim como Bob Burnquist, não estou menosprezando o esporte coletivo, nem minimizando a importância do trabalho do banco de reservas, que tem um papel tão importante na motivação do time. No mundo do esporte coletivo, a regra é clara: em caso de vitória, o mérito vai para todos. Na derrota, o sentimento de perda também é dividido entre todos. E nem pretendo dizer que o skate é um esporte mais nobre do que outros, como vôlei, basquete ou, é claro, futebol. O destaque aqui vai para a metáfora entre o skate e a responsabilidade pelo próprio sucesso, que para mim faz muito sentido.

Capítulo 2

A evolução da responsabilidade na humanidade

A responsabilidade universal é a verdadeira chave para a sobrevivência humana.

– Comunidade global e responsabilidade universal, Tenzir Gyatso – XIV Dalai Lama –

Um mundo melhor

O mundo está ficando melhor. Sei que não sou o único a acreditar nisso. O psicólogo comportamental canadense Steven Pinker, por exemplo, que é professor emérito da Universidade de Harvard, sustenta que não só o mundo está melhor como também a violência está em declínio. Em seu estudo *The better angels of our nature: why violence has declined* (Os Melhores Anjos da Nossa Natureza: por que a violência diminuiu), uma extensa pesquisa de oitocentas e trinta e duas páginas ricas em estatísticas e dados históricos, ele mostra que tendemos a enfatizar o lado negativo dos acontecimentos e menosprezar o lado positivo. Damos muita atenção ao que está ruim e nos esquecemos de notar o que é bom. Ninguém faz passeatas e manifestações públicas para celebrar um avanço da humanidade ou comemorar as coisas boas do nosso mundo.

Steve Pinker apresenta estatísticas que demonstram que o declínio da violência não se verifica apenas nos países desenvolvidos: é um fenômeno mundial. A abolição da escravatura foi um dos grandes avanços para o bem-estar da humanidade – lembrando que a escravidão existiu entre humanos desde tempos muito longínquos. Era prática comum na Grécia Antiga, berço da democracia; existiu na Mesopotâmia, no Egito Antigo, na Índia e na China; os hebreus também utilizaram escravos. Outras constatações da pesquisa: as guerras entre nações geram hoje menos mortos do que no passado, as taxas de homicídios nas grandes cidades decresceram, há redução das punições violentas praticadas pelos Estados, menos países adotam a pena de morte.

O ser humano vem evoluindo, portanto; evoluímos não só como indivíduos, mas principalmente como membros de um grupo. Aos poucos nos tornamos mais conscientes, mais responsáveis. A Box 1824, uma agência que pesquisa tendências, conduziu, em 2010, um projeto intitulado "O Sonho Brasileiro", com o objetivo de entender os jovens de dezoito a vinte e quatro anos no nosso país: como vivem, o que pensam, que valores são importantes para eles. Foram realizadas quase mil e oitocentas entrevistas em São Paulo, Rio de Janeiro, Recife e Porto Alegre. As conclusões foram fantásticas: 76% dos entrevistados acreditam que o Brasil está mudando para melhor; 89% dos nossos jovens têm orgulho de ser brasileiros; 50% valorizam mais o pensamento coletivo do que o individualista, mas acreditam que pensar no outro não exclui o pensar em si mesmo. Sua motivação para desejar um emprego e uma carreira está na oportunidade de compartilhar conhecimento e felicidade, além da busca de uma recompensa em dinheiro pelo trabalho realizado. Querem contribuir para uma sociedade melhor. Em termos de Accountability, esses jovens estão mais avançados que as gerações anteriores. Eles são o resultado de um processo de evolução que começou há muito tempo.

MITOLOGIA E RELIGIÃO MONOTEÍSTA – SEU PAPEL NA EVOLUÇÃO DA RESPONSABILIDADE

Tanto as religiões politeístas quanto as monoteístas tiveram papel significativo no processo de elaboração dos conceitos de Responsabilidade e Accountability. Mas, quanto maior o número de divindades em que uma pessoa acredita, menos Responsabilidade julga ter. Sem a sensação de ser dono do próprio destino, dificilmente uma pessoa vai sentir-se responsável pelas consequências dos seus atos.

Nas mitologias greco-romana e hindu há uma enorme quantidade de deuses. Os livros sagrados do hinduísmo, os Vedas, listam trinta e três divindades; além da base formada pela trindade Brahma, Vishnu e Shiva, há outras deidades, semideuses e espíritos. Na mitologia greco-romana, cada deus representava alguma força incontrolável. Acreditava-se que Zeus – que para os romanos era Júpiter – controlava os raios e os trovões; Deméter controlava as estações do ano e as colheitas; Ártemis/Diana era responsável pelos resultados da caça; Poseidon/Netuno, o deus supremo do mar, controlava a pesca, as marés e os maremotos.

Duas deusas são especialmente ilustrativas da falta de controle do ser humano sobre seus atos: Ananke e Atë. E, se não somos responsáveis por nossos atos, como poderíamos ser responsabilizado por eles?

Ananke, renomeada como Necessitas pelos romanos, representa o inevitável, o que necessariamente tem de acontecer, o destino. Aquilo que "estava escrito". Nem mesmo os outros deuses conseguem escapar de seus poderes. As Moiras, que aparecem como filhas de Ananke em alguns textos gregos, eram três irmãs que, acreditava-se, teciam, mediam e cortavam os fios da vida. Decidiam o nascimento, o progresso e o fim de cada cidadão grego.

A deusa Atë é a personificação do erro e dos engodos. Era a filha mais velha de Zeus e o enganou[1]. Zeus a baniu do Olimpo e Atë, que considerava degradante ter de pisar sobre a Terra, passou a caminhar sobre as cabeças dos mortais, deixando uma trilha de desgraças em seu caminho, pois cada passo seu provocava um erro da pessoa sobre cuja cabeça ela apoiava os pés. Ao impedir que Atë voltasse para o Olimpo, Zeus declarou que o erro é o "quinhão da humanidade". Atë passou a ser identificada como a insensatez, a loucura. Provoca a ruína, o desastre, o obscurecimento que estupidifica a mente, ao fazer com que nos deixemos levar pela *húbris*[2]. Os seres humanos atingidos pela *húbris* são orgulhosos e arrogantes, tendem a humilhar cruelmente outras pessoas sem sentir remorsos, racionalizam a crueldade, vendo-a como algo

---

[1] Juntamente com Hera, sua mãe, Atë atrasou o nascimento de Hércules e adiantou o de Euristeu. Ambos eram netos de Perseu, mas Hércules era filho de Zeus com sua amante Alcmene. Zeus decretara que o primeiro neto de Perseu a nascer seria o rei da casa de Micenas, acreditando que com isso seu filho seria rei. Mas Hera, esposa de Zeus, descobriu que ele teria um filho com a amante e fez com que Euristeu, filho de outra filha de Perseu, nascesse prematuro, ganhando assim o trono.

[2] Húbris, termo grego que significava "aquilo que passa da medida", atualmente, é mais associado a orgulho, excesso de confiança ou arrogância.

necessário, mesmo quando fazem sofrer os inocentes. É por isso que os tiranos se consideram benfeitores.

Mas os heróis gregos, por outro lado, personificam a possibilidade de escapar da falta de poder, treinam, recebem suas missões, buscam cumpri-las com seus próprios recursos de inteligência ou força, ainda que seu destino dependa também da sorte e da interferência divina. Podem ser protegidos ou atacados por algum deus: Ulisses foi bem-sucedido em sua missão, mas Aquiles e Ícaro fracassaram.

Assim, apesar de tudo, de haver tantas divindades corresponsáveis pelos nossos sucessos ou fracassos, havia na mitologia grega uma tentativa de ilustrar, por meio do comportamento dos heróis, a importância de assumirmos a responsabilidade por nossos atos e até mesmo distinguir entre *responsabilidade* e *culpa*, levando os mortais a se espelhar nos atos mais nobres.

O CASO DE HÉRCULES

Há diversas versões para a lenda de Hércules. Não me ative a nenhuma delas em particular. Peço ao leitor que considere este "caso" como uma metáfora.

Hércules (nome romano do semideus Héracles, filho de Zeus com a mortal Alcmena), foi convidado para ir a uma festa. Lá, foi drogado por Hera, esposa de Zeus, que tinha ciúmes de Alcmena; sob o efeito de alucinógenos, Hércules entrou em uma briga que resultou na morte de algumas pessoas, entre as quais sua esposa, Mégara, e suas filhas. Mas ele só deu conta disso quando recuperou a lucidez. Inconsolável, procurou o oráculo de Delfos, que o aconselhou a ir até o Olimpo e perguntar aos deuses o que deveria fazer. Mas o oráculo alertou: Hercules deveria fazer a pergunta certa.

Quando peço aos participantes dos meus workshops que escolham a pergunta que Hércules deveria fazer aos deuses do Olimpo, recebo as seguintes sugestões:

1. Por que me convidaram para ir a essa festa?
2. Quem me drogou?
3. Por que isso aconteceu comigo?
4. Por que vocês, deuses, permitiram que me drogassem?

Observem que todas essas questões retiram de Hércules a responsabilidade e procuram apontar culpados. São chamadas de "perguntas de culpabilidade", por direcionarem a culpa dos acontecimentos para o outro ou para as circunstâncias. O culpado pode ser o dono da festa, os outros convidados, o destino ou os deuses.

Mas Hércules não fez nenhuma dessas perguntas. Como era um semideus, um herói, o que ele perguntou aos deuses foi: "Qual é o meu castigo?" A pergunta mostra que ele tinha total consciência da sua responsabilidade pelo crime que cometeu, mesmo sabendo que não tinha tido culpa, pois fora drogado por outra pessoa. Ao fazer essa pergunta, ele separa os conceitos de culpa e de responsabilidade. Para reparar seu erro, recebeu as tarefas conhecidas como *Os doze trabalhos de Hércules*.

A atitude de "pegar a responsabilidade para si e gerar respostas com resultados" está implícita na lenda, embora não esteja formulada com essas palavras. A mitologia greco-romana associa esse comportamento à atos heroicos, nobres. É uma virtude. Lendas como essa, mostram a importância de assumir a responsabilidade

Até o surgimento das principais religiões monoteístas (a judaica, a cristã e a islâmica, em ordem cronológica), o sucesso ou a desgraça de alguém era atribuído às divindades. As religiões monoteístas propõem o livre-arbítrio: a questão da escolha e a responsabilidade pelas consequências de nossas escolhas, somos livres para escolher entre o bem e o mal, entre o certo e o errado. Esse sutil conceito nos dá uma enorme carga de poder e de responsabilidade sobre nossa vida e o nosso destino.

As religiões deixam claro que o Criador não fará tudo por nós; o homem precisa fazer a sua parte. Observemos alguns trechos de textos sagrados das religiões monoteístas que mostram a intenção de educar a humanidade sobre Responsabilidade Pessoal:

- Religião Judaica (2085 a.C.)

  Não faças declarações falsas e não entres em acordo com o culpado para testemunhar em favor de uma injustiça. (Shemot ou Livro do Êxodo 23:1)

  Mostra que podemos errar pelo simples fato de apoiar uma pessoa que agiu de forma errada. É a extensão da responsabilidade.

- Religião Cristã (Ano Zero no calendário Cristão)

Então assume a responsabilidade pela tua falta de vergonha. Porque, com os teus pecados, justificaste os das tuas irmãs. Tu te tornaste pior do que elas. Comparadas contigo, elas são inocentes. (Velho Testamento, Ezequiel 16:52)

Mostra que a responsabilidade tem dono, deve ser percebida e assumida.

Cuide bem da sua figueira e você terá figos para comer; trate bem o seu patrão e você será recompensado. (Provérbios 27:18)

Uma tentativa de mostrar a importância do comprometimento e da integridade no trabalho.

- Passagem sobre a ressureição de Lázaro

  - Versículo 39 – *E disse Jesus: tirai a pedra... (pede à multidão que remova a pedra do túmulo)* (Novo Testamento – João, 11: 39)

  - Versículo 43: – *E tendo disso isso, clamou em alta voz: Lázaro, sai.* (Novo Testamento – João, 11: 43)

  Para reflexão: Se Jesus tinha poder suficiente para ressuscitar mortos, por que não retirou a pedra ele mesmo?

  Resposta: Estes versículos mostram a responsabilidade compartilhada: em parte, humana; em parte, divina. Jesus pede que os homens façam o que podem fazer, que é retirar a pedra. Mas ressuscita o morto, que é a parte que os humanos não poderiam fazer.

- Religião Islâmica (650 anos d.C.)

  Os Hadith, trechos sagrados, considerados uma extensão do Alcorão, são baseados na fala e na vida do profeta Mohamed, que nós chamamos de Maomé. Em um dos Hadith, o Profeta é questionado por comerciantes que se opunham a uma religião de um Deus único, com a seguinte pergunta irônica: "Profeta, na noite passada, meu camelo sumiu no deserto. Você não diz que o Deus único, criador de todas as criaturas, nos protege e guarda? Como é então que ele deixou meu camelo sumir?" A resposta do Profeta foi: "Confie em Allah, mas amarre seu camelo."

Mais um alerta de que cada um deve fazer a sua parte.

A inserção da palavra *Responsabilidade* nos textos sagrados foi uma grande contribuição das religiões monoteístas para que tomemos nossos destinos em nossas mãos. Mesmo tendo menos ocorrências do que a palavra *culpa* (pois parece que também, naqueles tempos, era mais fácil encontrar culpados do que desenvolver a consciência da responsabilidade), sua inclusão contribuiu muito para que o ser humano compreendesse o significado desse conceito.

Uma pesquisa[3] na Bíblia Católica Online mostra cento e noventa e uma ocorrências da palavra *culpa*, contra apenas dez de *Responsabilidade*.

A Accountability, naturalmente, não evolui no coletivo

Utilizando a teoria dos vasos comunicantes, da Física, vamos imaginar a Accountability como se fosse um líquido.

Imagine um armário com diversas prateleiras. Na mais alta delas, há um recipiente que vamos chamar de recipiente A, contendo uma grande quantidade desse líquido. Ao lado dele, está o recipiente B, do mesmo tamanho, mas vazio. O que acontecerá se o recipiente A for ligado ao B? O nível do líquido contido em A vai baixar, é claro, pois será dividido com B.

E se forem acrescentados mais recipientes? A resposta é: quanto mais recipientes forem colocados, mais baixo será o nível de líquido em cada um deles.

---

[3] Os números variam dependendo da versão da Bíblia que foi utilizada. Evidentemente, essa é uma pesquisa que só se tornou viável depois que os textos se tornaram disponíveis *on-line*, pois seria impraticável (embora não impossível) contar palavras em uma Bíblia impressa.

A Accountability se distribui da mesma maneira: quanto menos pessoas envolvidas, mais alto será o nível.

É como o que ocorre quando três ou quatro famílias se reúnem para passar o domingo com seus filhos num parque de diversões ou numa praia. É muito comum que alguma das crianças se perca, pois cada adulto, notando sua falta, pensará que outra pessoa, também adulta e confiável, está cuidando dela. Quanto mais adultos forem responsáveis por uma criança, maior a chance de que ela não seja bem cuidada.

Quando alguém tem certeza absoluta de que pessoas de sua confiança estão atentas, a responsabilidade pelo cuidado é transferida, inconscientemente. Como diz a sabedoria popular, "cachorro de muitos donos passa fome".

Fenômeno semelhante ocorre na sociedade, em grupos maiores. Imagine que você mora em uma charmosa rua sem saída, com poucas casas. A entrada da rua é fechada por um portão automático. Todos os seus vizinhos estão em viagem de férias e, por alguns dias, você é o único morador dessa vila. Ao sair para o trabalho, de manhã, você nota que o cano, que abastece as casas com água, está rompido e a água se espalha pela rua. O que você faz? Espera que algum dos seus vizinhos volte de viagem e tome providências? Espera que a própria empresa descubra o vazamento e venha consertar o cano? Ou pega o telefone e pede o conserto?

Quando conduzo *workshops* sobre Accountability e apresento esta situação, nove entre dez participantes dizem que chamariam a companhia de abastecimento de água imediatamente. Quando você é o único responsável por algo, vai buscar uma solução para qualquer problema que surja, pois sabe que ninguém mais o fará.

Agora, imaginemos que, em vez de morar em uma casa de vila, você more em um apartamento, em um megacondomínio com quatro torres atendidas por um zelador, quatro porteiros, dezoito vigilantes, dois *concierges* e mais cinquenta funcionários, totalizando cerca de setenta colaboradores. Além disso, na entrada do condomínio há duas guaritas, com seguranças dentro e fora dos portões. O imóvel fica em uma avenida movimentada, com muitos condomínios semelhantes ao seu. Ao sair da garagem, você vê um cano de água rompido bem em frente ao portão principal. O que você faz? Pensa que outro morador, que saiu antes, já solicitou conserto? Pensa que o zelador deve ter cumprido sua obrigação e tomado as providências necessárias, ou que alguém de outro condomínio provavelmente já pediu o conserto? Será que você pega o telefone assim que nota o problema e chama a companhia de abastecimento de água? Você toma alguma atitude a respeito disso, ou segue sua rotina? Toma café na padaria com os amigos, sem nem pensar em comentar o vazamento, depois vai para a academia e em seguida para o trabalho, despreocupadamente?

Quando apresento este cenário para os participantes, sete ou oito pessoas reconhecem que pensariam que alguém já tinha feito o chamado.

Quanto maior o número de pessoas envolvidas em qualquer situação, mais diluída fica a responsabilidade individual. Para que isso não ocorra, é preciso que haja um líder com visão clara do conceito de Accountability.

SER APENAS RESPONSÁVEL JÁ NÃO É O SUFICIENTE

Howard Gardner é professor emérito na Universidade de Harvard, onde leciona Aprendizagem Cognitiva, é dele a teoria das Múltiplas Inteligências. Seus estudos concluíram que não há uma forma única de inteligência, e sim nove[4]. Desde 1995, Gardner é diretor do GoodWork Project, projeto que reúne teorias e melhores práticas de instituições, empresas e gestores que obtêm resultados sem abrir mão da responsabilidade individual e social.

---

[4] As Múltiplas Inteligências aparecem ora numeradas, ora em ordem alfabética. São elas: 1 – Linguística/Verbal; 2 - Lógica/Matemática; 3 - Musical/Rítmica; 4 - Corporal/Cinestésica; 5 – Visual/Espacial; 6 - Naturalista; 7 - Intrapessoal; 8 - Interpessoal; 9 - Existencial

No estudo mais recente, que teve como base doze mil entrevistados de nove áreas profissionais diferentes, ele concluiu que, entre outros pontos,

> as questões conspiram no sentido de retirar o senso de responsabilidade. Os seres humanos não nascem dotados de um comprometimento moral ou ético. As virtudes precisam ser adquiridas e alimentadas, contrariando, muitas vezes, todos os prognósticos. Até mesmo aqueles que começam trilhando o caminho correto podem vir a se desviar dele[5].

O mundo mudou demais nas últimas décadas e fomos nos ajustando às mudanças, quase sempre, sem tomar consciência de como elas afetam nossa vida. No passado, um chefe não se preocupava com o clima entre os funcionários, nem com a qualidade de vida no ambiente de trabalho, hoje, em algumas empresas, parte da remuneração de alguns diretores está vinculada à melhora do clima em sua área.

A legislação também mudou. Na década de 1980, podia-se dizer qualquer coisa a um colaborador ou colega de trabalho. Se ele não gostasse do que ouviu, isso não tinha a menor importância, hoje, todos precisam estar atentos ao emitir suas opiniões sobre qualquer assunto, seja no ambiente de trabalho, seja em reuniões, em entrevistas de desligamento, em festas e até mesmo em redes sociais. Recentemente, uma estudante de direito foi demitida do escritório de advocacia em que trabalhava por ter publicado no Twitter um comentário preconceituoso.

Hoje, além de ser criativo, o gestor precisa gerar um ambiente que estimule seus colaboradores a também desenvolver a criatividade e a inovação. O gestor tem de ser mais do que responsável: deve ter sensibilidade e percepção para enxergar longe, adiantar-se, antecipar os movimentos do mercado, ver oportunidades e gerar resultados – essas são as características que as empresas esperam encontrar em um líder. Ser apenas responsável não é mais o suficiente.

Nosso conceito de responsabilidade também deve evoluir

A partir do momento em que uma pessoa genuinamente compreende o conceito de Accountability, ou seja, adquire a noção de pegar para si a

---

[5] Na conclusão de *Responsabilidade no Trabalho: Como agem (ou não) os Grandes Profissionais*, de Howard Gardner e colaboradores.

responsabilidade e gerar respostas com resultados, sua contribuição para consigo mesma e para com os outros ao seu redor eleva-se a um estágio mais alto. Quando a nossa Responsabilidade é expandida ao máximo, nos tornamos melhores filhos, melhores pais, melhores líderes e melhores pessoas.

O planeta precisa de pessoas melhores.

Nos próximos anos, provavelmente, vamos assistir a uma mudança ainda maior nas relações entre as pessoas, especialmente no ambiente corporativo. O mundo vai continuar mudando e nossa concepção de Responsabilidade precisa acompanhar essas alterações. As estruturas hierárquicas tendem a se tornar menos rígidas, a colaboração genuína será cada vez mais esperada e valorizada. O trabalho deixará de estar preso a uma sala, mesa ou cadeira. O profissional irá trabalhar a partir de diferentes lugares, comunicando-se em tempo real com a empresa, sem a supervisão do chefe. Até mesmo em ambientes fabris as linhas de produção refletirão essas mudanças. Em toda parte a relação com os colaboradores sofrerá alterações provocadas por uma evolução do Código Civil, pela pressão dos sindicatos ou, simplesmente, pela simples mudança de mentalidade do colaborador, que não vai mais se sujeitar a trabalhar em qualquer ambiente.

Se esperarmos que as soluções para nossa vida pessoal e profissional venham dos outros – das instituições, do governo, da empresa, dos nossos pais, do cônjuge, do nosso gestor, das circunstâncias – sejam elas quais forem – continuaremos a culpar o mundo pelos nossos sonhos não concretizados.

Seis níveis de responsabilidade & Accountability

Não basta termos o aplicativo de Accountability pré-instalado dentro de nós. O importante é que ele esteja ativo. Como saber em que versão estamos atuando? Qual o nível da nossa Accountability? Como chegar ao ponto de equilíbrio entre o esforço para ser Accountable e o resultado percebido?

A seguinte classificação por níveis foi feita para facilitar nossa compreensão, para nos ajudar a perceber que sempre é possível ir para um patamar superior de Accountability, independentemente do nível em que já estamos. Trata-se de uma tentativa de quantificar e representar com gráficos e percentuais tal conceito tão abstrato.

(TABELA 1)

Seis níveis de Accountability	
Nível I	Percebe e assume 10% das oportunidades de tomar a responsabilidade para si, deixando os 90% restantes para "as circunstâncias" (os pais, a escola, o chefe, o mercado, etc.). Agem nesse nível crianças mimadas ou adultos com seríssimos problemas de convívio social. Com relação às crianças mimadas, vale observar que, em outros idiomas, a palavra correspondente a "mimado" tem duplo sentido e carga muito negativa. Em inglês, uma criança mimada é "a spoiled child". *Spoiled* significa *estragado*. Em francês, idem: "un enfant gaté" é uma criança mimada, mas *gaté* significa também *estragado, podre*.
Nível II	Percebe e assume 20% da responsabilidade, deixando os 80% restantes para as circunstâncias. Agem nesse nível crianças mimadas, adolescentes problemáticos, adultos imaturos ou, em casos mais graves, adultos com Transtorno de Personalidade Narcisista. No DSM (Diagnostic and Statistical Manual of Mental Disorders – editado pela APA – American Psychiatric Association) esse transtorno está descrito, bem como os parâmetros para seu diagnóstico. Entre eles estão: sentimento de grandiosidade; o comportamento de não aceitar os próprios erros; culpar os outros pelos problemas; falta de empatia, mesmo com os membros da sua família; entre outros.
Nível III	Percebe e assume 40% da responsabilidade e culpa as circunstâncias por 60% das ocasiões em que não a assumiu. Agem nesse nível adultos comuns. Grande parte da sociedade atua dessa forma, com pequenas variações no percentual, dependendo da educação recebida em casa, na escola e principalmente, na "escola da vida". A cultura organizacional do primeiro emprego pode ajudar muito, porque uma "mente fresca" jovem é um terreno em condições de ser cultivado.
Nível IV	Percebe e assume 60% das responsabilidades à sua volta e deixa para as circunstâncias os 40% restantes. As pessoas que agem nesse nível também são *pessoas comuns* (ver capítulo 6 "Pessoas comuns não agregam valor"), são adultos normais. Profissionalmente, mostram-se motivados. Talvez sejam novos na empresa, ou na função. Se forem colaboradores antigos, podem ter sido motivados por alguma campanha de incentivo pontual, que os transforma temporariamente em colaboradores melhores. Também atuam nesse nível os gestores cujas empresas têm "mercado cativo", com poucos concorrentes fortes (às vezes, nenhum), o que lhes permite sobreviver com baixa performance.
Nível V	Percebe e assume 80% das responsabilidades à sua volta e responsabiliza as circunstâncias por apenas 20% de seus fracassos ou das responsabilidades recusadas. Agem nesse nível as Pessoas Excelentes, os Accountables. Todos nós podemos ser assim, se o desejarmos. Também agem assim os gestores cujas empresas atuam em mercados de alta performance, lidando com fortes concorrentes nacionais e globais.
Nível VI	Percebe e assume 100% da responsabilidade, não delegando absolutamente nada para outros e jamais responsabilizando as circunstâncias. Esse nível de atuação é praticado por quem é superAccountable e pode ser percebido em duas situações: Em uma atuação saudável, em situações de necessidade extrema, em casos de vida ou morte, quando a sobrevivência está em jogo. Nesses casos, a pessoa reúne toda a sua energia e esperança para encontrar socorro, indo muito mais além da capacidade de uma *pessoa comum*. Essa é a principal característica entre sobreviventes de tragédias – buscar ajuda e não ficar parado. E em uma atuação não-saudável, quando uma pessoa assume responsabilidades que já não deveriam ser suas. É o caso de idosos que, depois de aposentados, ainda trabalham para sustentar seus filhos e netos, com uma rotina intensa de trabalho, quando deveriam apenas receber carinho e atenção dos seus. São verdadeiros heróis em nossa sociedade, carregando um peso enorme. Esse nível de atuação não é saudável nem para a pessoa que age, nem para os que estão se beneficiando dela.

É claro que podemos atuar em diferentes níveis, dependendo da situação, dos desafios em jogo, do ambiente, do cargo e da nossa autonomia. Há pessoas que funcionam em níveis diferentes na vida profissional e na familiar.

EM QUE NÍVEL ATUAR PARA CONTINUAR EVOLUINDO?

Para gestores em situações e condições normais, o ideal é o Nível V de atuação, de 80%, com eventuais picos de 90%. Se você atua neste patamar, está em um nível muito alto em termos de Responsabilidade Pessoal. Quem atua nesse nível faz grandes contribuições para sua família, para sua empresa e para a sociedade.

Não recomendo a ninguém que se insira espontaneamente no nível VI, assumindo 100% de responsabilidade, a não ser em situações de luta pela sobrevivência, quando muitas pessoas descobrem em si alguma força emocional ou física sobre-humana.

Em condições normais, agir no nível VI significa abrir mão da qualidade de vida pessoal, vivendo exclusivamente para o outro. Não critico alguém que, por vontade própria, queira atuar nesse nível de intensidade – mas não acredito que isso seja saudável, nem emocionalmente sustentável, a longo prazo.

Quando encontro pessoas que atuam no nível VI, com 100% de Accountability, sempre busco uma oportunidade de questioná-las. Geralmente, são pessoas na terceira idade – avôs e avós que cuidam dos netos, por exemplo, levando-os à escola, ao pediatra e, frequentemente, pagando parte das despesas das crianças ou sustentando a casa dos filhos. Quando questionadas, essas pessoas dão respostas como: "Mas, se eu não fizer isso, meus netos terão que mudar de escola!" É provável que isso seja verdade, mas o que vai acontecer quando esse avô ou essa avó vier a faltar? Essas pessoas estão postergando o momento em que seus filhos deverão assumir essas responsabilidades.

Por outro lado, todos podem trabalhar no nível V, com 80% de Accountability. Esse patamar nos coloca em um estado de alerta permanente, com foco em oportunidades para sermos produtivos, mantendo ao mesmo tempo uma relação sustentável com os demais.

COMO ADQUIRIR OU APRIMORAR A ACCOUNTABILITY?

A Accountability pode ser adquirida de forma ativa ou passiva. Pode ser desenvolvida a longo ou curto prazo.

Podemos falar em desenvolvimento de Accountability **ativo a longo prazo** quando um indivíduo se torna ativamente Accountable por esforço próprio, partindo dele o interesse em pegar para si a responsabilidade e gerar resultados, fazendo disto um hábito. Observa-se isto em pessoas que nasceram em situações difíceis, sem as condições básicas de vida que a maioria teve, mas que com muito esforço encontraram maneiras de dar a volta por cima ao longo do tempo, e se tornaram pessoas muito bem-sucedidas. É o caso de Joaquim Barbosa, Silvio Santos e Lima Duarte, entre outros.

Podemos falar em desenvolvimento da Accountability **ativa a curto prazo** quando uma pessoa, de uma hora para outra, se torna Accountable espontaneamente, por força das circunstâncias. São exemplos que podem ser observáveis em situações extremas, quando a sobrevivência está em jogo, como no caso de Nando Parrado[6] e sua incrível saga de sobrevivência nos Andes. Em poucos dias, Nando teve que se tornar hiperAccountable, atuando no nível máximo de Accountability, o nível VI, assumindo 100% da responsabilidade.

Falo em desenvolvimento **passivo** da Accountability quando uma pessoa incorpora e pratica os conceitos relacionados a essa virtude, não porque os adquiriu por conta própria, mas sim por ter tido bons modelos nos quais se espelhar, grandes exemplos em torno de si, como pais, avós, professores, gestores ou até mesmo influenciada pela cultura da empresa na qual trabalha.

Escolher o caminho moral correto e se esforçar para permanecer nele é opção e exercício diários, que fazem aflorar o que há de melhor no ser humano. Não é fácil, mas é possível. Não é confortável, talvez, mas os benefícios são duradouros.

"O QUE EU FAÇO AGORA, SEM MEU PAI?" – O CASO DE DUAS IRMÃS ÓRFÃS QUE TIVERAM DESTINOS DIFERENTES

Tanya tinha dezessete anos e Rita quatorze, quando seu pai, um executivo importante em uma multinacional do setor de alimentação, morreu de um enfarte. A mãe delas, que trabalhava em um banco, vendeu o apartamento de três suítes onde moravam e comprou um apartamento menor, de dois quartos, aplicando o restante do valor. Com o dinheiro do seguro de vida, pagou o colégio das meninas por um ano, e comunicou a elas que depois teriam que mudar de escola.

---

[6]   Ver O Milagre dos Andes – 72 dias na montanha e minha longa volta para casa, de Nando Parrado.

Apesar de passarem a ter ajuda dos tios e, principalmente, dos avós das meninas, elas tiveram que abrir mão de muitas coisas a que estavam habituadas. Passaram a fazer suas compras em um mercado popular, e compravam produtos de marcas mais baratas. As saídas para jantar em restaurantes tornaram-se raras. As viagens internacionais, que a família costumava fazer anualmente, desapareceram do programa das férias. Rita, a caçula, sentiu mais do que a irmã essa queda no padrão de vida; ficava muito tempo trancada no quarto, chorando: "O que eu faço agora, sem meu pai?"

De tudo o que teve que abrir mão, o que mais lamentava era a comemoração dos seus quinze anos, o grande baile de debutante e a viagem nas férias com as amigas. Ela queria uma festa como a que a irmã teve, no clube em que a família não frequentava mais. Queria o longo vestido branco, a valsa com o pai e depois com uma celebridade. Mas a festa teria que ser ajustada à nova condição financeira da família: um bolo em casa, com os avós, os tios e as amigas mais próximas. Rita ficou deprimida. A mãe não aguentou ver a filha daquele jeito e conseguiu com a cunhada, irmã do marido que falecera, a cessão de um salão de festas de um clube. Fez um empréstimo no banco para a decoração, os convites, o bufê e as bebidas. O avô paterno deu o vestido. O filho do vizinho, que estava iniciando sua carreira de DJ, produziu o som e assim a festa acabou saindo.

Um ano depois, quando teve que mudar de escola, Rita reclamava de tudo, do ambiente, da saudade que sentia das amigas, da falta de paciência dos professores e até de bullying. Depois de muitas crises e muita insistência, sua mãe fez mais um sacrifício: transferiu-a de volta para o antigo colégio. Afinal, faltavam apenas mais dois anos para a menina se formar, não custava nada "fazer um pouco de sacrifício em função de um estudo de melhor qualidade", pensou a mãe.

Quando chegou o momento de escolher a faculdade, Rita acompanhou suas colegas de escola e optou por uma das mais elitizadas de São Paulo, cujo horário dificultava obter um estágio ou trabalho de meio período, pois as aulas eram distribuídas ao longo do dia, sendo algumas no período da manhã e outras no período da tarde.

Sua mãe aceitou a faculdade escolhida, e concordou que Rita precisava de um carro para ir à faculdade. Mas, além disso, a menina se recusava a perder os programas da galera e as viagens de fim de semana com a turma. Apesar de sempre receber convites para ficar em casas de amigas, sua mãe precisava lhe pagar outros gastos das viagens, pois a mesada ficava inteiramente comprometida com gasolina, estacionamento e salão de beleza.

Rita está formada há cinco anos e ainda mora na casa da mãe. Faz trabalhos esporádicos, mas apesar de muitas ofertas de trabalho, diz que tem "dificuldade para encontrar um bom emprego fixo". Está terminado um MBA pago pela mãe, pois o dinheiro que ganha com seus trabalhos eventuais "não dá para nada". Como não tem fluência em inglês, pretende fazer um curso no exterior quando terminar o MBA. Sua mãe apoia a ideia.

Com Tanya tudo foi diferente. Apesar de ter tido momentos difíceis e angustiantes, apesar de sentir também saudade do pai e se perguntar como viveria sem ele, não se deixou dominar por esses sentimentos. Começou a trabalhar como vendedora em um Shopping Center, das 14h às 22h, foi estudar marketing no período da manhã e pagou a faculdade com o próprio dinheiro. Descobriu, rapidamente, que o segredo da tranquilidade é gastar menos do que se ganha. Segundo Tanya, "a gente só deve gastar um pouco do que tem, para viver sem preocupação".

Como o horário de trabalho dos shoppings exige que os vendedores trabalhem aos sábados, domingos e feriados, ela não tinha tempo para viagens ou badalação com as amigas do colégio. Com disciplina, depois de pagar todas as despesas que considerava essenciais, inclusive a academia de ginástica, conseguia guardar cerca de 40% do que ganhava. Ao fim de dois anos, deu entrada em um carro usado, financiado em doze meses. Mesmo assim, conseguiu continuar poupando cerca de 20% dos seus ganhos. Quando chegou ao quarto ano da faculdade, o carro já estava quitado. Tanya parou de trabalhar no shopping e optou por ganhar menos, fazendo estágio em um escritório de publicidade, pois considerou esse sacrifício momentâneo como um bom investimento em sua carreira. E continuou pagando a faculdade com o dinheiro do estágio e com o que tinha poupado.

Hoje, Tanya é diretora de marketing em uma empresa de decoração. Casou-se com um rapaz que conheceu na faculdade e que é atualmente um dos diretores de uma importante agência de publicidade, eles moram em um apartamento que compraram usando a conhecida fórmula de Tanya: gastar menos, poupar mais.

Capítulo 3

As pessoas bem-sucedidas e a Accountability

> Poucas coisas ajudam mais um indivíduo do que colocar responsabilidade sobre seus ombros e deixá-lo saber que você confia nele.
> – Booker Washington –

A relação entre ser bem-sucedido e a Accountability

Você já parou para pensar no motivo de algumas pessoas serem mais bem-sucedidas na vida pessoal e profissional do que outras? Por que alguns são motivo de orgulho para seus pais, adoráveis para seus parceiros, insubstituíveis no trabalho e são vistos por todos como indispensáveis para a sociedade? Por que outros se tornam fonte de transtornos e eterna preocupação para suas famílias e seus amigos, verdadeiros "malas sem alça" e, profissionalmente, causa de arrependimento para quem os contrata?

Por que em uma mesma família, que supostamente educou todos os filhos da mesma maneira, acontece de irmãos terem desempenhos tão diferentes em suas carreiras? Quando uma empresa oferece a mesma oportunidade de crescimento para todos os colaboradores, por que nem todos progridem?

O que determina isso?

Ser bem-sucedido é colecionar pequenas e constantes vitórias ao longo da vida profissional e pessoal. O equilíbrio é fundamental. Ao fazer um autoexame e olhar para o passado, a pessoa bem-sucedida percebe, com uma certa dose de orgulho pessoal, que houve uma evolução constante em sua vida, deixando um saldo positivo. De onde tirei essa conclusão? De inúmeras conversas com pessoas bem-sucedidas e com outras que perderam cargos, empresas e patrimônios.

Percebi que ser bem-sucedido não se relaciona necessariamente a grandes contas bancárias. O dinheiro pode comprar uma ótima casa, mas não compra um lar, pode comprar uma excelente cama, mas não uma boa noite de sono, pode comprar companhia, mas não compra uma amizade verdadeira. Pessoas que buscam primeiro obter dinheiro, para depois começar a pensar em ser felizes estão correndo o risco de se desapontar consigo mesmas.

Ter dinheiro e ser bem-sucedido são coisas diferentes, mas é pouco provável que existam pessoas bem-sucedidas morando embaixo de viadutos.

"EU SOU"– O CASO DO ATOR DE HOLLYWOOD QUE PENSAVA QUE TINHA SUCESSO

Tom Shadyac é um profissional da indústria do cinema com uma carreira brilhante. Atuou, escreveu roteiros, dirigiu e produziu grandes sucessos de bilheteria, como O Professor Aloprado, Patch Adams – O Amor é Contagioso, O Mistério da Libélula e O Todo Poderoso, ganhou muito dinheiro e vivia como um típico milionário de Hollywood, até sofrer um acidente de bicicleta. Depois disso, em virtude das dores que sentia, passou mais de seis meses adoentado. Desenvolveu transtorno pós-traumático, um quadro de forte depressão que pode afetar pessoas que passaram por alguma experiência trágica, este transtorno é uma das principais causas de suicídio entre ex-combatentes de guerra.

Depois que se recuperou, Tom decidiu pesquisar sobre esse tema para entender o que tinha acontecido com ele. Expôs as conclusões em um belo documentário de setenta e oito minutos intitulado *I Am* (Eu sou). A principal conclusão é de que Tom tinha sucesso, mas não era bem-sucedido, valorizava o ter em vez do ser. Na sua opinião, sua depressão tinha sido consequência do estilo de vida que escolhera, valorizando os bens acima das relações pessoais, acreditando que o dinheiro poderia ser uma régua com a qual mediria sua felicidade.

Pode parecer estranho, em um livro sobre Accountability, eu abordar a relação entre felicidade e ser bem-sucedido, o fato é que quanto mais pesquiso sobre esse assunto, mais evidências encontro de que os Accountables são mais felizes.

NA VIDA OU NO TRABALHO, NÃO PODEMOS CONTAR SEMPRE COM A SORTE

Tenho um pouco de pena de quem imagina que a sorte é o fator preponderante para o sucesso. Quem valoriza a sorte acredita também em azar. Para alguns, essa é uma explicação – aliás, bem confortável – para justificar os próprios fracassos e conseguir conviver com o sucesso dos outros.

A sorte influi em quase tudo, não se pode negar, mas está tão relacionada a ser bem-sucedido quanto a altura está relacionada ao sucesso de um jogador de basquete. Embora seja improvável que um atleta com menos de 1,80m entre para um time profissional, não basta ser alto para conseguir jogar bem, a altura não é garantia de sucesso. O que realmente vai garantir a permanência de um jogador no time são os resultados na quadra. E isso é reflexo direto do seu esforço pessoal. Treinar muito, atuar em equipe e esforçar-se no relacionamento com o time, com o técnico, com a imprensa e com a torcida.

A sorte pode determinar a vitória de um time em *um* jogo, mas não explica a conquista de um campeonato. Na vida pessoal, a sorte ou o azar podem justificar um episódio isolado de sucesso ou fracasso, mas não explicam resultados constantes ao longo de uma vida. Atribuir tudo à sorte e viver esperando uma ajuda do universo, é transferir a responsabilidade para o acaso.

É pouco provável que César Cielo, por exemplo, tenha tido sorte ao conquistar cada um dos seus recordes, que Ayrton Senna tenha sido apenas um grande sortudo e que Gisele Bündchen tenha chegado a ser "a" *übermodel* por mera sorte, quando existem várias moças bonitas, magras e altas, muitas delas cobiçando obter uma carreira no mundo da moda.

Ninguém pode acreditar que a Seleção Brasileira de Vôlei tenha conquistado seus nove títulos mundiais porque os outros times tiveram azar, e, certamente, não foi por pura sorte que Roberto Carlos vendeu 120 milhões de discos em seus cinquenta anos de carreira. Michael Schumacher ganhou sete títulos mundiais de Fórmula 1 por sorte? Foi também a sorte que determinou as mais de cinquenta vitórias de Muhammad Ali? Guga venceu em Roland Garros porque a bolinha, o vento e a quadra conspiraram a seu favor?

Certamente, todas essas pessoas tiveram, além do talento natural para a atividade que escolheram, uma formação que lhes permitiu construir uma carreira de grande sucesso. Que atitudes os levaram a destacar-se tanto dos outros?

César Cielo, por exemplo, filho de um médico e uma professora de educação física especializada em natação, treinava de segunda a sexta-feira, de manhã e à tarde, e todo sábado pela manhã, além de ingerir de 6 a 8 mil calorias por dia. Uma medalha de ouro em natação não se faz durante os vinte e um segundos da travessia de uma piscina.

As empresas que contrataram Giselle Bündchen como modelo de seus comerciais para a TV e a mídia impressa, contam que ela sempre dá um *follow-up* aos seus trabalhos, interessando-se pelos resultados: procura saber se as vendas cresceram, se os clientes comentaram a campanha, o desfile... Além disso, atua constantemente em prol do meio ambiente, tanto que recebeu da Universidade de Harvard o título de Cidadã Ambiental 2011.

Inteligência abre portas, mas não as mantêm abertas

Existem muitas definições para a inteligência humana. Para seguir uma linha única de pensamento, optei pela de Howard Gardner, professor de Psicologia Cognitiva na Universidade de Harvard, já mencionado neste livro[1]. Resumindo sua definição, podemos dizer que a inteligência é *"uma habilidade para resolver problemas ou criar soluções (produtos ou serviços) que agreguem valor"*[2]. Ele se refere à múltiplas inteligências e não apenas à inteligência lógica, que pode ser mensurada por um teste que avalia o Quociente de Inteligência (Q.I.) (conceito criado em 1912 por Wilhelm Stern e exageradamente valorizado até hoje no mundo ocidental).

Os testes de Q.I. tiveram enorme aceitação no início do século XX, as Forças Armadas americanas concluíram que, finalmente, poderiam comparar pessoas e tentar descobrir o motivo de algumas "funcionarem" melhor do que outras. O Dr. Lewis Terman, da Universidade de Stanford, desenvolveu e aprimorou, juntamente com Alfred Binet, o teste para avaliação de raciocínio lógico chamado teste *Stanford-Binet* que apesar de não ser mais utilizado na sua forma original, é até hoje muito conhecido no meio da psicologia. Sua primeira aplicação em massa foi com 1,7 milhão de combatentes da Primeira Guerra Mundial, em 1914.

Em 1921, motivado pelos resultados obtidos com os militares, o Dr. Terman iniciou um ambicioso projeto para comprovar a relação direta entre inteligência e sucesso profissional. Esse trabalho, conhecido como o *Estudo Terman*, foi encerrado em 2001. Durou oitenta anos. Até o momento é a pesquisa mais longa feita sobre inteligência humana. O Dr. Terman selecionou 1 500 crianças de 9 a 11 anos, com altíssimos índices de Q.I., que foram acompanhadas até o final das suas carreiras profissionais.

---

[1]   Na seção "Ser apenas responsável já não é mais o suficiente" (no segundo capítulo, "A evolução da responsabilidade na humanidade").

[2]   No livro Frames of Mind: The Theory of Multiple Intelligences.

Melita Oden, uma das pesquisadoras associadas a esse estudo, concentrou-se, em 1968, em detectar as diferenças entre os cem indivíduos que tinham tido vidas profissionais mais bem-sucedidas, a quem chamou de grupo A, e os cem menos bem-sucedidos, o grupo C. Na média, o Q.I. do grupo A era sete pontos mais alto do que o do grupo C. Mas, nesse píncaro de inteligência, isso é irrelevante e se traduz em pouca diferença na capacidade intelectual. Segundo o Dr. Hastorf, psicólogo aposentado da Universidade de Stanford e atual chefe do Estudo Terman, as outras diferenças, no entanto, eram mais determinantes no desempenho profissional.

Os indivíduos do grupo A, desde criança, tinham se mostrado mais motivados para o estudo. Nos primeiros anos escolares, eram reclassificados de série por sua alta capacidade intelectual e além disso, quase todos tiveram uma formação acadêmica superior aos do grupo C. Quando jovens, os do grupo A eram mais entusiasmados do que os do C, engajavam-se em mais atividades extracurriculares e mais esportes. Já aos 11 anos, mostravam grande força de vontade, perseverança e desejo de se aperfeiçoar. Esses integrantes do grupo A eram homens e mulheres que se tornaram médicos, engenheiros, professores universitários, executivos e advogados. Os do outro grupo, apesar de sua grande inteligência, vieram a ocupar funções muito abaixo de seu potencial. Tornaram-se balconistas, escriturários ou secretárias. Um deles, apesar de mestre em engenharia, trabalhava como técnico em sua área.

Depreende-se daí que o alto Q.I. não é condição suficiente para alguém se sair bem nas diversas dimensões da vida profissional e pessoal. A inteligência não basta, é preciso ter ou desenvolver outras habilidades.

O poeta português Fernando Pessoa já sabia disso: um dos seus textos mais conhecido diz que "Navegar é preciso. Viver não é preciso". Ele faz um trocadilho com o adjetivo preciso e o verbo precisar, navegar envolve cálculos de precisão e raciocínio lógico, mas viver, não. Hoje, a maior parte das pessoas sabe que não há relação direta entre ter alta inteligência, alta capacidade de raciocínio e sucesso em qualquer área da vida. Aliada ao esforço, a inteligência ajuda muito. Mas essa associação inteligência/esforço não é ainda o suficiente para se obter sucesso duradouro. É preciso algo mais. O quê?

Alguém duvida que João Augusto Amaral Gurgel, fundador da fábrica de automóveis Gurgel, totalmente brasileira, fosse inteligente e esforçado? Desde a juventude, ele sonhava com um carro nacional. Estudou engenharia na Escola Politécnica da Universidade de São Paulo e, como trabalho de conclusão do curso, apresentou um veículo de dois cilindros, o "Tião". Ouviu de um dos professores, em tom de brincadeira: "Carro não se fabrica, Gurgel, carro se compra!".

Criador e inovador, ele foi fazer pós-graduação nos Estados Unidos. Em 1958, montou um fábrica de plásticos e de fibra de vidro, a Moplast. Em 1969, fundou a Gurgel Motores, em Rio Claro, no interior de São Paulo. Lá, para orgulho de muitos brasileiros, começou a produzir o Ipanema, primeiro carro 100% nacional. Muitos carros da Gurgel tinham nomes que homenageavam o Brasil: Xavante, Carajás, Tocantins...

Em 1981, quando nenhuma montadora levava a sério a possibilidade de produzir veículos híbridos ou elétricos, o visionário Amaral Gurgel lançou o Itaipu. Tinha bom relacionamento com o governo, e forneceu veículos para o exército por muitos anos.

Mas, em 1990, quando Fernando Collor de Melo assumiu a presidência, o mercado brasileiro – fechado desde 1976 – foi aberto para as importações. Collor já havia dito que faria isso durante a campanha presidencial, costumava dizer que "os carros brasileiros são umas carroças". A abertura do mercado foi ótima para muita gente, mas provocou uma grande crise nas empresas que vicejavam protegidas pela restrição aos importados. No caso dos automóveis, especificamente, quase todas as grandes marcas passaram a ser vendidas no Brasil. Até o Lada russo! Com o real equiparado ao dólar, ter carro importado passou a ser um sonho realizável. E o que aconteceu com Gurgel?

Pessoas muito inteligentes têm mais dificuldade que as outras em mudar de opinião. Apegam-se às suas ideias. Gurgel tinha algumas opções: poderia, por exemplo, continuar fabricando seus carros com motores e componentes vindos de outros países ou poderia passar a importar carros e retomar sua produção aos poucos, conforme a reação do mercado. Mas continuou preso ao sonho do "carro 100% nacional". Quatro anos depois que as importações foram liberadas, teve de pedir concordata. Percebemos que depositou confiança excessiva no governo e no consumidor, mas os governos e os consumidores mudaram... O empreendedor precisa saber mudar com eles. Depender excessivamente dos outros (do mercado, do governo, dos clientes, etc.) é uma forma de jogar a responsabilidade para as circunstâncias.

Na vida pessoal e na profissional, não basta fazer o melhor, temos que fazer o necessário. E o que é necessário é nos esforçarmos para sermos cada vez melhores. Quem escolhe ser bem-sucedido assume a responsabilidade pela sua vida. Escolher ser bem-sucedido envolve outras escolhas, que temos que fazer todos os dias.

SE A ACCOUNTABILITY É UMA VIRTUDE, POR QUE NÃO A ENSINAM NAS ESCOLAS?

A Accountability é uma virtude por ser uma expansão da responsabilidade, uma evolução que nos torna pessoas melhores, contribuindo positivamente para a família, o trabalho, a sociedade e o planeta.

Nos Estados Unidos, essa virtude é ensinada em algumas escolas. Uma instituição fundada pelo Dr. Spencer Kagan reúne anualmente diretores e professores da pré-escola, do *First Grade* (que corresponde ao nosso Ensino Fundamental) e do *High School* (que corresponde ao Ensino Médio). O objetivo desses encontros, realizados no Kagan Summer Institute, é reciclar os participantes em diversas habilidades. Nessa convenção há muitos cursos, e alguns deles trabalham com a possibilidade de os professores desenvolverem a Accountability nas crianças.

Na Finlândia, visitei uma escola em Nedervetil, acompanhado pelo diretor interino Bjorn Sandback, que me explicou como a escola transmite essa virtude. Por exemplo: crianças maiores almoçam com as menores, para ajudá-las a comer, e ajudam também acompanhando-as em trajetos curtos, na volta para casa. A lição de casa é passada de forma a desenvolver progressivamente a Accountability: na primeira semana do ano letivo, o professor diz o que deve ser feito, escreve no quadro e chama a atenção dos alunos para a obrigação de cumprir essa tarefa. Na segunda semana, fala sobre a tal lição e escreve no quadro, mas já não destaca a necessidade do cumprimento da tarefa. Mas na terceira semana, ele apenas trata verbalmente da atividade, pois a importância de cumprir o que foi pedido já está instalada no nível de Accountability das crianças, cujas mentes registram a tarefa sem ser preciso escrever no quadro.

Mas essa iniciativa pedagógica não retira dos pais o papel de serem os primeiros e principais desenvolvedores do conceito. Pais e avós são os primeiros líderes de uma criança, e uma das funções dos líderes é dar *feedback* e *coaching*.

"ACHADO NÃO É ROUBADO, MAS TAMBÉM NÃO É MEU" — O CASO DO GARI QUE DEVOLVEU O DINHEIRO ENCONTRADO NO LIXO E O CASO DO PADRE QUE O RECOMPENSOU

José Sebastião Breta ganhava R$ 370,00 por mês com seu trabalho como gari em Cariacica, na região metropolitana de Vitória, no Espírito Santo. Era o salário mínimo em 2006. Fazia três anos que trocara a lavoura onde trabalhara desde os nove anos, no interior de Minas Gerais, pelo salário fixo na limpeza pública do estado vizinho. No dia 21 de novembro, enquanto varria a rua e recolhia o lixo diante de uma casa lotérica, encontrou, dentro de uma lata de lixo, um malote azul. "A embalagem me chamou a atenção", disse ele, mais tarde. Dentro, havia um envelope com dinheiro. Como bom mineiro, naquele momento Tião não comentou o achado com ninguém: "Fiquei caladinho. No fim do dia, levei o envelope para casa e falei para a minha enteada que tinha achado um dinheiro. Achei que era uns oitocentos contos. Quando vi que tinha mais de 12 mil, a gente se apavorou. Até pensei em ficar com o dinheiro, mas minha consciência doía".

A família é formada por ele, a esposa, a irmã e a enteada, que na época tinha dezessete anos. A mulher de Tião, Rosalina Zuqui, não queria nem saber quanto dinheiro o marido tinha encontrado: "Não é nosso! O que a gente vai fazer com dinheiro dos outros?" Toda vez que alguém "acha" alguma coisa, ela pensava, "em algum lugar há alguém que perdeu aquilo."'

Tião guardou o envelope em casa por sete dias, mas não gastou nada. "Fiquei com problema pra dormir, não estava me alimentando bem. Se perco 10 reais já fico chateado, fiquei me colocando no lugar da pessoa que perdeu o dinheiro."

Enquanto isso, Ailton Ronconi, proprietário da casa lotérica, estava desesperado. Em sua loja, funciona uma franquia de Pague Fácil, onde as pessoas pagam contas de energia, água e telefone. Ele costuma levar o envelope ao banco no fim de cada dia, com o dinheiro das contas pagas. Naquele dia, tinha deixado o malote escondido dentro da lata de lixo, para despistar possíveis ladrões. O pai dele, o aposentado Civalde Ronconi, viu que estava na hora de pôr o lixo na rua – e o dinheiro foi junto.

Ailton procurou no lixão da cidade, mas não conseguiu encontrar o malote. Vendeu o carro para pagar ao banco a quantia devida e anunciou no jornal a perda.

Enquanto isso, Tião pedia ao seu chefe, Antônio Martins Firme, o encarregado da limpeza na cidade, que procurasse o dono do dinheiro. Pelo endereço no malote, Antônio localizou o Pague Fácil.

Aílton já estava conformado com a perda do dinheiro, quando Sebastião e Antônio apareceram para fazer a devolução. "Fico emocionado por saber que existe uma pessoa tão honesta no mundo. Pensei que fosse brincadeira, quando eles chegaram. Depois de pôr o anúncio do jornal, recebi muitos trotes", ele conta. Deu uma gratificação de mil reais para Tião e quinhentos para Antônio. "Esse dinheiro vale mais do que o outro. Vou usar para fazer um tratamento na coluna. Ainda quero dançar muito com a minha mulher", disse Sebastião.

Há pelo menos uma dezena de histórias recentes como essa. Pessoas que devolveram dinheiro encontrado na rua, às vezes envolvendo valores ainda maiores. Como José da Silva Fernandes, de Caicó, no Rio Grande do Norte, que encontrou 100 mil reais em uma sacola e devolveu o dinheiro. Ou Joílson Chagas da Silva, um motorista de ônibus, que em 2011 perdeu sua casa e tudo o que tinha nos deslizamentos de Friburgo, na região serrana do Rio de Janeiro, e devolveu 74 mil reais que ficaram esquecidos no banco do ônibus que dirigia. O dinheiro era de um agricultor que vendera seu caminhão para pagar o tratamento médico da filha.

Ou mesmo valores menores, como o menino que, no metrô de São Paulo, devolveu a nota de 100 reais que encontrou no chão. As câmeras internas ajudaram a localizar, com precisão, o dono do dinheiro: era um adolescente que trabalha em um lava-rápido e recebia R$450,00 por mês.

Dentre todas essas, escolhi contar em detalhes a história de Tião porque ela teve um desdobramento interessante, envolvendo Pessoas Excelentes durante todo o desenrolar do caso.

A atitude do gari de Cariacica foi noticiada nos principais jornais do Brasil. A família ficou orgulhosa e Sebastião Breta se tornou um exemplo de honestidade. Porém, ainda assim, algumas pessoas riam dele. O amigo Jorge Ferreira, também gari, lembra que "diziam que ele era bobo, por ter devolvido o dinheiro". Sebastião contou: "Fiquei deprimido, me chamavam de burro, diziam que com aquele dinheiro eu não ia precisar mais trabalhar".

Ao ler uma reportagem sobre isso, Luiz Roberto Teixeira Di Lascio, de Campinas, no interior de São Paulo, começou um movimento para obter o valor devolvido e dar de presente ao gari. Di Lascio, que é padre, conta que na noite de Natal alguns dos paroquianos da igreja de São Marcos estavam falando sobre corrupção. "As pessoas diziam ter perdido a esperança no ser humano", disse o padre, "Perguntei se tinham lido a matéria sobre o gari que, em um ato bonito, devolveu o dinheiro que encontrou. Perguntei o que nós poderíamos fazer".

O padre decidiu iniciar uma campanha por doações para Sebastião, pôs anúncio em um jornal de Campinas, divulgando a ideia. O objetivo era repassar o exemplo de Sebastião Breta para toda a sociedade "carente de valores éticos". Em pouco mais de uma semana, moradores da cidade doaram os R$ 12.366,00.

O padre foi pessoalmente entregar o dinheiro ao Tião. Na primeira vez em que se comunicaram, por telefone, o gari conta que "ele falou que ia trazer um dinheiro, mas eu pensava que devia ser uns 50 ou 100 reais. Quando chegou aqui, comentei que tinha juntado dinheiro demais". O dinheiro foi entregue em uma cerimônia na prefeitura de Cariacica, junto com uma placa em que a cidade o homenageava. Mas foi Di Lascio quem disse: "Eu me senti muito importante por estar diante de uma grande personalidade". Para o padre, Sebastião sintetiza tudo o que aprendeu na vida, desde criança, sobre honestidade. Além disso, também passou por experiência semelhante.

Quando tinha 9 anos, ao voltar de uma padaria no Bexiga, em São Paulo, onde morava, ele tinha encontrado um pacote com muito dinheiro, procurou a dona do pacote e ela ficou tão agradecida que deu a ele uma porção de presentes.

Com o dinheiro que recebeu dos moradores de Campinas, Sebastião comprou um terreno. "Nossa, é grande!", comentou Rosalina, para o programa de TV, Globo Repórter. "Dá pra fazer um casarão, plantar, colher. Meu sonho é ter fogão a lenha pra preparar polenta e galinha com quiabo." Sobre o dinheiro devolvido, ela disse: "Não era nosso. O que a gente ia fazer com o dinheiro dos outros?"

Capítulo 4

A culpa é minha e eu ponho em quem eu quiser!

Tome sua vida em suas próprias mãos e veja o que acontece.
Uma coisa terrível: ninguém mais a quem culpar..

– Erica Jong –

O que podemos aprender com Homer Simpson

A frase que dá o título a este capítulo é do personagem Homer Simpson, insuperável em inventar desculpas. Ele tem como característica usar artimanhas elaboradas para atribuir aos outros a responsabilidade por seus erros, porém, sempre de maneira descontraída, afinal, ele é muito divertido. É por isso que foi escolhido para personificar, aqui, o oposto da pessoa Accountable, facilitando para o leitor a tarefa de identificar essas atitudes em si mesmo.

O sucesso do personagem na TV é resultado do talento criativo dos desenhistas e roteiristas do seriado *The Simpsons*. Homer representa a antítese do comportamento Accountable, sua característica mais marcante, segundo a emissora britânica BBC, é a de "responsabilizar os outros pelos erros dele". Assim, ele pode nos ajudar a ilustrar o que a falta de Accountability pode provocar.

O seriado tem clima de *sitcom* e satiriza acidamente o estilo de vida da classe média dos Estados Unidos – *the American way of life* – através das peripécias de uma família disfuncional, mas afetuosa. O pai, Homer Simpson, é inspetor de segurança na usina nuclear da cidade, o cargo que ocupa contrasta com seu comportamento descuidado. A mãe, Marge, é a típica dona de casa dos subúrbios norte-americanos: cuida da casa e dos filhos. Bart, o mais velho, é um garoto-problema de 10 anos. Lisa é um prodígio de 8 anos que toca saxofone e se envolve em causas políticas e ambientais. Maggie, a caçulinha, é um bebê que ainda não fala, mas comenta tudo com silêncios eloquentes e uma chupeta bem manejada. Outros personagens gravitam em torno da família: um cão, um gato, colegas de trabalho ou de escola, o patrão de Homer, vizinhos e outros moradores de Springfield, cidadezinha fictícia do meio oeste do país.

O criador da série, Matt Groening, deu aos personagens nomes de pessoas da sua família: Homer, Marge, Lisa e Maggie são, respectivamente, os nomes de seu pai, sua mãe e suas duas irmãs. Só o nome de Bart foi inventado.

Homer é tão marcante que está listado no site da BBC como um dos personagens que se tornou, universalmente, símbolo de um determinado padrão de comportamento. É preguiçoso, egoísta, mesquinho, não tem muita instrução e nem vontade de aprender. Além de não ter boas maneiras, ele despreza quem se comporta bem – como seu vizinho, Flanders, cidadão exemplar que tem um filho da mesma idade de Bart. Por outro lado, Homer é carinhoso com a família, tenta ser bom pai e bom marido e educar bem os filhos – dentro da sua visão do que é uma boa educação.

Na segunda e na terceira temporadas, quase todos os roteiristas eram formados em Harvard, o que moldou o humor do seriado, cheio de sofisticadas referências culturais e políticas. Um único episódio, com cerca de trinta minutos de duração, escrito por uma equipe de 16 roteiristas, envolve mais de 300 profissionais, toma oito meses de trabalho e consome um orçamento de 1,5 milhão de dólares.

Os Doze Mandamentos de Homer:
Doze frases que exemplificam seu perfil não Accountable

1. "Crianças, vocês se esforçaram, deram o melhor de si e fracassaram. Que lição vocês podem tirar disso? Nunca se esforcem!"

2. "Se alguma coisa é muito complicada ou difícil, então não vale a pena ser feita."

3. "Se você não consegue ter sucesso na primeira vez, desista!"

4. "Se vocês quiserem conquistar algo na vida, tem que ser através de trabalho. Agora, silêncio: vão anunciar o número do bilhete vencedor da loteria."

5. "Eu quero dividir com vocês três coisas que aprendi, que são muito importantes para toda a vida. Primeira: nunca diga "fui eu!". Segunda: sempre diga "boa ideia, chefe!" Terceira: sempre diga "já estava assim quando eu cheguei!"

6. Ao encontrar extraterrestres: "Por favor, não me comam! Eu tenho mulher e filhos, comam eles primeiro!"

7. "Se alguma coisa der errado, sempre culpe alguém que não fale inglês."

8. "Cerveja: a causa e a solução de todos os problemas da vida."

9. "Telefonista, me dê o número de emergência do 911![1]"

10. "Lisa, se você algum dia não gostar do seu trabalho, não se esforce. Basta aparecer por lá e fazer tudo pela metade."

11. "Toda a minha vida eu sempre tive um sonho: atingir as minhas metas."

12. "Tentar é o primeiro passo para fracassar."

Eis o grande objetivo deste livro: levar-nos a aprender a dominar o nosso lado Homer.

POR QUE ALGUMAS PESSOAS SEMPRE CULPAM OUTROS OU DÃO DESCULPAS?

"NÓS FORNECEMOS ÁLIBIS E DESCULPAS, INDEPENDENTEMENTE DE SER PARA DORMIR UMA NOITE FORA, DEIXAR DE IR AO TRABALHO, COMPRAR UM PRESENTE DISCRETO OU MESMO NÃO TER QUE IR À FESTA DO VIZINHO."

Esse parágrafo, que você acabou de ler, é tradução do que está na página *About Us* no site alibinetwork.com, um site especializado em criar álibis e desculpas. Na página principal, à esquerda, há uma série de links de vídeos já editados de reportagens de TV, da série *Lie to me* e equivalentes. Todos os vídeos contêm instruções sobre como mentir. Na loja virtual do site, é possível comprar camisetas com frases como "Não fui eu..." ou "Eu minto, você mente, que tal mentirmos juntos?" Pode parecer absurdo, mas é verdade. Há quem se dedique a incentivar, ajudar e até comercializar desculpas, retirando do ser humano um dos elementos principais para a colaboração genuína e a boa convivência na sociedade: a sinceridade.

A Morte do Bom Senso seria um belo título para uma comédia teatral, mas infelizmente é o título de um livro de Philip K. Howard, *The Death of Common*

---

[1]   O número de telefone 911, nos Estados Unidos, é equivalente ao 190 do Brasil.

Sense – How Law is Suffocating America[2]. Trata-se de incendiárias considerações sobre o sistema de leis em vigor nos Estados Unidos, que produziram um exército de advogados gananciosos prontos a processar qualquer um, em qualquer circunstância. O mais impressionante é que a cultura de culpar os outros foi gerada pela própria legislação.

A coisa chegou a tal ponto que foi criado um prêmio para as ações judiciais mais absurdas, o Stella Awards. É o *Oscar* dos processos disparatados. O nome "homenageia" Stella Liebeck, uma senhora de Albuquerque, Novo México, que em 1992, com 79 anos, derramou no colo um copo de café quente, queimou-se gravemente e processou uma conhecida rede de fast food pelas queimaduras sofridas. A corte do Novo México deu-lhe ganho de causa, determinando uma indenização de 2,9 milhões de dólares. O caso desencadeou uma série de debates sobre até onde vai o direito do cidadão e inspirou o documentário *Hot Coffee*, de Susan Saladoff, lançado em 2011. Deu origem também a ONGs como a Stop Law Suit Abuse e Sick of Law Suits.

O livro *The True Stella Awards: Honoring Real Cases of Greedy Opportunists, Frivolous Lawsuits and The Law Run Amok,* de Randy Cassinghan, conta também o caso de um certo Bob Craft, de Hot Springs, Montana. Em 1997, com 39 anos, ele procurou a Corte do Distrito de Sanders County com um pedido estranho, que foi atendido. Queria trocar seu nome original de batismo por um novo nome: "Jack Ass". A tradução mais aproximada para *jackass*, em português, seria "bundão", não no sentido de um traseiro grande, mas de um sujeito que faz coisas pouco inteligentes e por isso se mete em enrascadas. Em 2000, a MTV começou a exibir o programa *Jackass*, que mostra pessoas agindo de modo bizarro. O tal Sr. Jack Ass decidiu entrar com um pedido de ação contra a MTV. Ele disse: Por mais de dois anos procuro um advogado que tenha a coragem de brigar com a MTV pelo o que eles fizeram comigo...

Colocar a culpa nos outros é um dos mecanismos de defesa emocional e moral que todo ser humano desenvolve. Vale a pena repetir: *todo*s os seres humano têm esse mecanismo instalado, de alguma forma! Uma minoria tem a sorte de saber identificar e controlar esse impulso. Moacyr Scliar (2007,

---

[2] Em tradução livre: "A morte do Bom Senso: Como a Legislação está sufocando a América".

p.109), no livro *O Enigma da Culpa*, escreveu que "no tribunal da culpa só há advogado de acusação e o resultado do julgamento é sempre a condenação".

Responsabilizar o clima, o trânsito ou a situação econômica do país, entre outras circunstâncias, que não podemos controlar, é muito fácil. Não exige talento nem inteligência. Qualquer um pode "se fazer de vítima". De um modo geral, são justamente as Pessoas Comuns que recorrem a esse expediente. Não é preciso "prática, nem habilidade" para criar desculpas convincentes: crianças pequenas já sabem ser criativas ao colocar a culpa no vento, no sono, no pulo do gato ou no irmãozinho, e alguns pais e mães caem facilmente no "Conto das Desculpas", às vezes percebem o que a criança está fazendo, mas acham graça. Iludem-se pensando que é uma fase, acham até bonitinho o jeito criativo como o filho escapa de ser repreendido, contam a gracinha aos amigos como sinal da esperteza do seu rebento, preferem fingir que acreditam nas desculpas da criança e adiam eternamente a necessária conversa franca e transparente.

À medida que suas desculpas são aceitas pelos pais – e, mais tarde, pelos professores – essas crianças, já então adolescentes, aprimoram essa capacidade. A velocidade de articulação de novas desculpas se acelera e a pontaria para acertar o alvo, ou seja, a pessoa a quem as desculpas se dirigem, vai se aperfeiçoando. Depois de anos de prática, ao chegar à fase adulta, o processo de criar e dar desculpas já está muito bem estruturado.

Ninguém está blindado contra essa armadilha do pensamento, nem livre de cair nela. O "Ciclo de Vitima" é um modelo mental doentio que faz com que nos sintamos impotentes diante das circunstâncias. Mesmo quem lê e pesquisa sobre esse tema há anos, como é o meu caso, pode flagrar-se subitamente tentado a pensar e agir como vítima.

Isso pode ter acontecido com qualquer um de nós, sem que tenhamos percebido que estávamos fugindo constantemente de nossas responsabilidades. É assim que passamos a culpar as circunstâncias ou a pôr a culpa dos nossos fracassos em outras pessoas: automaticamente, sem perceber que um mapa mental específico, um aplicativo voltado para isso, está instalado e ativo no nosso inconsciente, rodando o tempo todo, em segundo plano.

Na verdade, pensar e agir como vítima é uma forma de exercer controle sobre os outros. O que as vítimas desejam, quase sem perceber, é controlar as pessoas à sua volta, tanto os familiares quanto os colegas de trabalho, assim como outras pessoas com quem se relacionam. Se estes se deixam manipular, a vítima recebe atenção, carinho, pena e solidariedade. Desta forma, exerce seu poder de controlar o próximo. É um fenômeno social chamado também de Vitimização ou Jogo da Culpa. Quem age assim acredita sinceramente que foi prejudicado, preterido ou injustiçado e que as pessoas à sua volta devem algo a ela, de certa forma. Essa crença é como um evangelho que precisa ser levado a todos, difundido e proclamado.

Essas pessoas não sobrevivem sem plateia. Precisam de alguém que as assista; enquanto se lamentam, demonstram o quanto a vida foi injusta com elas e acusam outras pessoas por seu infortúnio. Ninguém representa sozinho, sem espectadores, o papel de vítima. Eles e elas precisam de testemunhas que comprovem e confirmem que o mundo lhes deve algo. Se possível, a vítima vai sorrir corajosamente, enquanto encena seu papel, para atrair, além de pena, a admiração da plateia. A vítima precisa da cumplicidade de outros que concordem que a vida realmente não lhe deu escolhas. Quem se sente infeliz, precisa convencer os outros da sua infelicidade.

Alguns ambientes são inadequados para pessoas com esse comportamento: raramente se vê alguém bancando a vítima em uma academia de artes marciais, num grupo de bailarinos, numa orquestra sinfônica ou praticando esportes radicais. É que nesses ambientes a valorização da excelência no desempenho de seu papel e o espírito de equipe têm de ser muito fortes, cada pessoa ali é responsável por superar-se constantemente, desenvolver-se no mais alto nível. Todos são responsáveis pela afinação do grupo. As vítimas não ficam muito tempo em um ambiente assim: elas se retiram, por não encontrar apoio nem simpatia para suas queixas. Mais tarde, talvez, venham a dizer que sempre quiseram tocar determinado instrumento ou escalar montanhas, mas a vida impediu que esse sonho fosse concretizado.

A realidade é que todos nós temos escolhas, por mais difícil que seja uma situação. Mesmo se as circunstâncias negativas não puderem ser modificadas, ainda assim, nós sempre podemos escolher *como reagir*.

Imaginem se Ana Botafogo, que por mais de trinta anos foi primeira bailarina do Teatro Municipal do Rio de Janeiro, tivesse pensado assim! Num depoimento ao Caderno *.edu*, do jornal *O Estado de S. Paulo*, ela contou sobre o início de sua carreira:

> Eu havia recebido um convite para dançar no Teatro Guaíra, em Curitiba. Foi um começo maravilhoso para mim, mas lá sofri um acidente de carro e me feri perto do joelho. Tive uma atrofia na perna, fiquei sem saber se poderia caminhar ou ficar com uma sequela. Consegui me recuperar em alguns meses. Anos mais tarde, quando ensaiava para *Romeu e Julieta* no Teatro Municipal do Rio de Janeiro, ainda tinha, sem eu saber, um vidrinho do carro perdido nos meus tendões. O vidrinho foi surgindo e saiu [3].

É fácil imaginar alguma outra pessoa, com menos poder para tomar as rédeas do próprio destino, contando chorosamente que aos 20 anos teve um acidente que a impediu de dançar pelo resto da vida. Assim como alguns músicos teriam desistido de tocar, diante de um único dos muitos problemas do pianista João Carlos Martins, que perdeu os movimentos de uma mão e depois da outra, e sem se deixar dobrar, foi cursar uma faculdade de música já no século 21, com mais de 70 anos, para aprender regência e se tornar maestro.

---

[3] ESTADÃO.COM.BR. Coisas que eu queria saber aos 21. Disponível em: <http://www.estadao.com.br/noticias/impresso,coisas-que-eu-queria-saber-aos-21,737765,0.htm>. Acesso em: 26/09/2013.

Ciclo de Vítima

Devemos estar atentos a como agem as vítimas. Para isso, precisamos aprender a identificar as etapas da manifestação desse comportamento.

1. A pessoa ouve uma crítica: não está aberto(a) para ouvir críticas ao seu desempenho, sua performance, suas habilidades ou atitudes.

2. Resiste: braços cruzados, mão na boca ou lábios apertados; demonstra que se sente mal com a crítica; acredita ter sido mal-interpretado; acha que não foi compreendido, que a crítica não é justa.

3. Não escuta: enquanto ouve, fica pensando no que vai dizer; sua mente não para de pensar em desculpas, por isso não consegue escutar ativamente, nem processar o que está sendo dito; apega-se mais à forma do que ao conteúdo da crítica.

4. Aponta culpados: é nocivamente criativo(a); inventa justificativas; culpa circunstâncias como clima, mercado, trânsito, preços, política da empresa, limitações do sistema; ou culpa a equipe, os colegas, fornecedores ou concorrentes.

5. Sente-se insignificante: coloca-se como indefeso; sem recursos; sozinho; sem informação; sem capacitação; renegado; impotente; alega que não sabia ou que não foi avisado(a).

6. Fica passivo: mostra-se resignado; não consegue propor uma solução; não oferece uma alternativa; espera que alguém resolva a situação por ele ou diga o que fazer.

O Ciclo de Vítima funciona como um vírus instalado dentro da programação da nossa personalidade, pronto para ser ativado sempre que surge ocasião. Ao responsabilizar o mundo à nossa volta, nós nos sentimos aliviados, justificados, temos a sensação de ter resgatado nossa dignidade, ao mostrar que o erro não foi nosso, que a culpa é dos outros, que fomos vítimas das circunstâncias. Assim, transferindo a responsabilidade, temos a sensação de ter resolvido o problema, pelo menos temporariamente.

Antes de pensar em mudar os outros, precisamos pensar em mudar a nós mesmos. Culpar os outros ou as circunstâncias não é novidade, não é uma síndrome dos tempos atuais, é um comportamento instintivo e antigo, natural no ser humano. Mas não é por ser "natural" que pode ou deve ser considerado bom. Afinal, há muitas coisas que são naturais e tentamos corrigir em nós mesmos, como dentes tortos ou espinhas no rosto...

CULPAR OU DAR DESCULPAS SÃO FORMAS DE SE OBTER O CONTROLE DA SITUAÇÃO?

O que chamo aqui de *controle* é o resultado da atitude da vítima sobre as outras pessoas. Esse resultado aparece quando a vítima tenta reverter uma crítica recebida por algo que não foi bem feito, que não atingiu inteiramente a expectativa, que foi entregue fora do prazo ou deu errado de qualquer outra forma. Se a vítima conseguir sucesso com seus argumentos, transferindo a culpa para outras pessoas, acaba por controlar a situação, minimizando seu erro com desculpas.

Muitos gestores não se dão conta de que têm "Homers" em seu time. Mergulhados nas suas atividades, focados em suas metas, acabam caindo no "Conto das Desculpas" e ignorando o poder da Accountability. Assim, perdem o controle da situação e desperdiçam os momentos em que poderiam ter uma conversa franca ou mesmo um enfrentamento com um mau colaborador. Acabam sendo enrolados por desculpas hábeis e perdem o jogo para os tais "Homers".

Lembro-me de um cliente muito querido que se queixava: "Eu saio da minha sala para descobrir quem foi o responsável por um problema grave e volto meia hora depois sem encontrar ninguém que tenha assumido o erro!"

Sem o enfoque da Accountability, as reuniões de trabalho não apresentam resultados. Ninguém sai de lá melhor do que entrou: nem o gestor e nem os colaboradores. São reuniões longas, cansativas. Sem esse enfoque, é difícil enquadrar um colaborador com um *feedback* efetivo e direto. Não raro, surge um clima de "apontar dedos", em que colegas de trabalho trocam acusações e competem para ver quem é o mais criativo em gerar desculpas. Vence quem se defende melhor ou quem tem mais autoridade.

ACCOUNTABILITY

"Está tudo bem com você?" – O caso da mãe que fez essa pergunta para o filho, quarenta e cinco anos depois

Conheço S. G. há quase trinta anos. Sempre pensei que fosse órfão. Não me lembro de nenhum momento em que ele tenha mencionado sua mãe e, justamente por isso, fiquei chocado com a história que me contou em uma das nossas conversas.

S. G. tem um carreira brilhante na área comercial, cada uma das empresas em que trabalhou é líder no segmento em que atua. Sua posição mais recente, como diretor comercial, deu-lhe notoriedade pública, aparece nas colunas sociais e foi objeto de artigos nos jornais da sua cidade natal.

Logo após a publicação de uma dessas reportagens, sua mãe telefonou para ele. S. G. imaginou que ela poderia estar procurando reatar laços de afeto, uma atitude frequente em pessoas que sentem a velhice se aproximando e querem se reaproximar dos seus filhos.

"Está tudo bem com você?", foi a primeira pergunta que ela lhe fez. Demonstrou interesse em saber como ele estava, mas mostrou maior curiosidade na sua carreira profissional. S. G. respondeu a todas as perguntas e perguntou à mãe se precisava de ajuda financeira. Para sua surpresa, a resposta dela foi que desejava apenas o que estava na Lei. "Como assim, na Lei?", ele perguntou, surpreso. A mãe avisou que ele receberia uma ligação do advogado dela – o que de fato aconteceu.

Dias depois, entrou em contato com ele um advogado dizendo que havia dado entrada a um processo por abandono afetivo de idoso. A ação pedia uma pensão mensal referente a 30% do salário anual de S.G., retroativa a cinco anos.

A CULPA É MINHA E EU PONHO EM QUEM QUISER!

Meu amigo contratou um importante escritório de advocacia para defendê-lo. O sócio sênior do escritório montou a defesa sobre um álbum fotográfico com cerca de 120 fotos: formaturas e festas escolares, do primeiro grau à faculdade de administração de empresas, aniversários, casamento, o nascimento do filho de S. G., jantares de comemoração, Natal e outras festas familiares. Em nenhuma foto sua mãe aparece. Esse álbum foi a peça principal da defesa. Foi ele a prova de que, durante a vida de S. G., sua mãe nunca esteve presente. Foi com esse álbum que o advogado conseguiu reduzir o pagamento mensal para um salário mínimo.

Buscar brechas na legislação para obter conforto e privilégios a que não se tem direito moral, como fez a mãe de S. G., é um típico comportamento de vítima. Quem age assim é movido por inveja, desloca para os outros – família, amigos, vizinhos, colegas de trabalho – a culpa por sua situação não ser tão boa quanto imagina merecer e transfere também, para os outros, responsabilidades que são suas.

Capítulo 5

As dez desculpas que os gestores mais ouvem

> Não existem inocentes, apenas diferentes graus de responsabilidade.
> A menina que brincava com fogo – Stieg Larsson

Tanto em reuniões coletivas, quanto em contatos com algum colaborador, individualmente, os gestores ouvem as mais diversas desculpas quando apontam alguma falha. O que há por trás delas, em geral, é um pedido para que os outros tenham pena de quem cometeu o erro. A pessoa se justifica por ser "ignorante", ou vítima de um sistema falho, vítima de colegas ou de um gestor, pessoas que não lhe passaram informações.

Quem age assim, principalmente durante sessões de *feedback* ou entrevistas de avaliação, jogando nos colegas, na empresa ou no gestor a responsabilidade por seu mau desempenho, procura retirar de si a responsabilidade por se aperfeiçoar. Colocam-se em uma situação menor, ou seja, de vítima do sistema.

Seguem abaixo, as 10 desculpas que os gestores ouvem com maior frequência e suas consequências na cultura da empresa. Você vai perceber que diferentes desculpas podem gerar as mesmas consequências nocivas.

1. "Eu não sabia!"

O que Homer diria:

– Como alguém pode ser culpado por não saber aquilo que deveria fazer?

Consequências dessa atitude na cultura empresarial:
- Descrença nos canais de comunicação da empresa;
- Críticas ao gestor;
- E-mails que deveriam ser individuais passam a ser enviados com cópia para todos os colegas, para que outros "testemunhem" que a informação foi realmente passada.

2. "Não recebi o e-mail!"

O que Homer faria:

Direcionaria a culpa para quem deveria ter enviado o e-mail, provando assim que a falha foi dessa pessoa e não dele. Se alguém discordar e pedir que ele se concentre na solução do problema, ele se sentirá injustiçado.

Consequências dessa atitude na cultura empresarial:
- Os colaboradores passam a guardar um arsenal de e-mails para provar que fizeram a sua parte e quem falhou foi o outro;
- Descrença nos canais de comunicação da empresa.

3.   "Isso sempre foi feito dessa maneira!"

O que Homer diria:

– A tradição é mais forte do que eu!
– Não posso ser responsabilizado pelo passado.

Consequências dessa atitude na cultura empresarial:

- Ambiente de baixa criatividade e inovação;
- Pouca iniciativa em melhorar processos antigos, mesmo que já se tenham provado ineficientes.

4.   "Eu só fiz o que me mandaram!"

A atitude de Homer seria:

Quando Homer apresenta essa desculpa, pretende eximir-se de toda a responsabilidade como se fosse incapaz de pensar, refletir e julgar as consequências de seus atos ou a qualidade do seu trabalho. A história universal está cheia de maus exemplos desse tipo. Erros cometidos contra civis são frequentemente justificados por militares de todos os países e de todas as épocas, sob a alegação de que estavam cumprindo ordens.

Consequências dessa atitude na cultura empresarial:

- O gestor passa a ser criticado e responsabilizado pelo erros da sua equipe e também por não ter decidido e ordenado o que realmente deveria ter sido feito;
- Processos centralizados, equipe esperando a palavra final do gestor para decisões importantes.

5. "Eu já enviei o e-mail!"

Por que os "Homers" erram ao dizerem isso:

Enviar um e-mail não é solução, não resolve um problema. Quando "Homers" dizem isso, eles apenas transferem para outra pessoa ou para o acaso sua responsabilidade. É uma forma de não apresentar um prazo para a solução, sem admitir que não conseguiram uma solução definitiva.

Consequências dessa atitude na cultura empresarial:
- Ambiente de pouco comprometimento, processos lentos e pouco eficientes;
- Os colaboradores nunca se responsabilizam por seus erros e a causa dos problemas sempre acaba sendo jogada para outros, como os fornecedores, por exemplo;
- E-mails são estocados para que cada colaborador possa comprovar que realmente os enviou.

6. "Eu fiz a minha parte!"

Como agem os "Homers":

Os "Homers" gostam de fragmentar tarefas e processos de acordo com a sua função ou cargo. Podem pensar que basta preparar uma minuta, mandar um e-mail, ou deixar uma mensagem gravada, e isso encerra o assunto, pois "sua parte" já foi feita.

Consequências dessa atitude na cultura empresarial:
- O cliente não é colocado em primeiro lugar, por mais que cartazes ou campanhas internas *implorem* que o seja;
- Cria-se um padrão de pensamento que divide o pessoal da empresa em "nós" e "eles": "Nós do departamento comercial" já fizemos nossa parte, agora é com "Eles da expedição".

7. "Isso não é minha função!"

Como agem os "Homers":

Os "Homers" costumam pensar que foram contratados para desempenhar uma determinada função, e não aceitam fazer nada que esteja além disso.

Consequências dessa atitude na cultura empresarial:
- Divisão da empresa em "nós" e "eles": "nós do Departamento Comercial" já fizemos nossa parte, agora é com "eles da Expedição".

8. "Já deu o meu horário!"

Como agem os "Homers":

Os "Homers" estão presos a suas funções, cargos, salas, baias e também ao seus horários, levam mais a sério os compromissos assumidos com os colegas de trabalho, como encontrar-se para um almoço ou um cafezinho, do que os compromissos com a empresa e com o cliente. Pessoas que agem assim jamais vão deixar uma contribuição maior ou mais nobre.

Consequências dessa atitude na cultura empresarial:
- Cada um fazendo a sua parte ou um trecho do trabalho final, sem preocupação com o conjunto, com o todo;
- A empresa acaba tendo que contratar alguém para fazer aquele pedacinho de função que "não é de ninguém", que não foi contemplado no *job description* de nenhum de seus colaboradores;
- Baixa produtividade, alto custo do produto ou do serviço, baixa competitividade.

9. "Esse cliente não é meu!"

Postura de "Homers":

Os "Homers", com atitudes mesquinhas e mente imatura, são incapazes de "ver a floresta" como um todo, enxergam apenas a "sua árvore". O mundo é todo segmentado e etiquetado: "meu cliente, seu cliente", "minha mesa, seu grampeador". Pessoas assim contribuem pouco para melhorar a empresa e a sociedade.

Consequências dessa atitude na cultura empresarial:
- Pouco caso com os clientes, tanto com os novos quanto com os antigos;
- A qualidade do trabalho não é valorizada: basta que algo seja feito, não precisa ser bem feito;
- Todos se conformam com as queixas dos clientes e/ou processos de órgãos de defesa do consumidor, acham que "isso é assim mesmo".

10. "Esse problema não é meu!"

Postura de "Homers"

Os "Homers" manipulam a propriedade dos problemas de acordo com a sua conveniência. Quando lhes convém dizem: "Isso é problema meu", do contrário, disparam: "Problema seu!" Quando todos são "Homers" em uma empresa – o que não é tão raro – nunca aparece o "dono" de um problema verdadeiro e, portanto, os grandes problemas nunca são resolvidos por alguém. Se houver o risco de "dar errado" ou se a solução dará muito trabalho, é mais fácil dizer que "o problema não é meu", mas quando tudo dá certo, sempre haverá vários "Homers" brigando, tentando puxar para si o mérito pelas boas ideias e pelas realizações.

Consequências dessa atitude na cultura empresarial:
- Ambiente formado por pessoas com pouca Responsabilidade;
- Pouca colaboração genuína ou espontânea;
- Baixa qualidade no atendimento e nas soluções dos problemas;
- Descaso com os bens da empresa e com os clientes.

Nas mesmas situações em que os "Homers" dariam as desculpas acima, as Pessoas Excelentes agem de maneira Accountable:

1. Pessoas Excelentes sabem que não existe sistema de comunicação perfeito, sabem que argumentar que não receberam a informação – mesmo que seja verdade – não resolverá o problema. Pessoas Excelentes são focadas justamente na solução de problemas, por isso evitam deslocar o foco da atenção.

2. Pessoas Excelentes agem imediatamente, a partir do momento em que recebem uma informação, mesmo que venha atrasada, priorizando a busca de soluções para minimizar as consequências do atraso. Seu objetivo é encontrar a melhor solução e não justificar-se ou dar explicações.

3. Pessoas Excelentes não se conformam com um processo ineficiente ou com um serviço ruim, não se prendem ao passado e buscam o aperfeiçoamento contínuo. Pessoas Excelentes perguntam aos outros e a si mesmos: "E se...?"

4. Pessoas Excelentes pensam no que é melhor para o cliente e para a empresa, e decidem fazer o melhor mesmo que seja diferente das ordens recebidas.

5. As Pessoas Excelentes sabem que a resposta correta é que "o processo está em andamento", que "está sob os seus cuidados", que "até o final do dia (ou da semana) a resposta definitiva estará com o gestor" – mesmo que o colaborador tenha que ir pessoalmente resolver o problema.

6. Pessoas Excelentes interessam-se pelo resultado, pelo todo e resolvem o problema, colocam o cliente em primeiro lugar e em segundo, a empresa, fazem a parte deles e também a dos outros, se for preciso. Você pode achar que isso é excesso de abnegação, mas, na verdade, é isso o que fazemos quando vamos atravessar a rua: mesmo que estejamos na faixa de pedestres e com o sinal de tráfego a nosso favor, não atravessamos sem olhar para os lados. Sempre damos uma conferida para ver se os motoristas, de fato, pararam e se não há carros ou motos se aproximando.

Quando agimos assim, estamos fazendo a nossa parte e um pouco da parte dos outros.

7. Pessoas Excelentes estão empenhadas em fazer alguma diferença para melhorar o ambiente em que vivem. São pessoas que deixam um legado. Querem fazer o melhor que podem, dão tudo de si. Sabem que sua função na empresa é contribuir para conquistar clientes novos e manter os antigos.

8. Pessoas Excelentes não se prendem a horários, seu foco está em fazer o que tem que ser feito.

9. Pessoas Excelentes pensam como se fossem o dono da empresa. O dono não aceita perder um cliente, nem um pedacinho do mercado. Pessoas Excelentes pensam sempre no plural: "nosso cliente", "nosso mercado", "nosso problema".

10. As Pessoas Excelentes tomam a decisão de resolver o problema, tomam para si a responsabilidade, em prol de uma causa maior que pode ser a do cliente, a da empresa, a do país e até a do planeta. E, depois de tomada a decisão, realmente resolvem o problema.

"QUEM PÔS TANTA CARTA NO CORREIO?" – O CASO DO CARTEIRO QUE PROCESSOU O REMETENTE DE MUITAS CARTAS

"O carteiro britânico Alan Pugh, de 53 anos, processou o professor doutor George Chryssides, professor da Universidade de Wolverhampton, no centro da Grã-Bretanha, por enviar cartas demais" – essa era a chamada de uma notícia veiculada pela BBC Brasil. Achei interessante alguém querer culpar outra pessoa por uma decisão sua. Afinal, ele poderia ter optado por não levar todas as cartas na mesma viagem.

O carteiro alegava que, por causa das 270 cartas colocadas na caixa postal da universidade, a sacola tinha ficado pesada demais, causando-lhe uma distensão muscular que fez com que ficasse uma semana afastado do trabalho. Por isso, deixara de receber seu salário semanal, no valor de £ 286.96 (cerca de R$ 760,00).

Chryssides, que postara boletins endereçados aos membros da Sociedade Britânica de Estudos Religiosos, disse que presumiu que um carteiro soubesse quanto peso pode carregar: "Tenho certeza de já ter visto caixas de correio cheias. Imaginei que os carteiros soubessem lidar com isso". O professor acha que a Inglaterra está "começando a ter o que já existe nos Estados Unidos: pessoas que tentam tirar a "sorte grande" processando os outros".

A porta-voz do Correio Real, Jane Beese, informou que não existe limite máximo para a quantidade de itens postados por uma pessoa, mas ressaltou que, se houver uma grande quantidade de correspondência, o remetente deveria levá-la à agência. Informou também que carteiros devem levar no máximo 16 quilos, incluindo o peso da sacola.

Suponhamos que, legalmente, o carteiro tivesse razão. Ainda assim, em termos de Accountability, ele está errado. É dele a responsabilidade de decidir se deve ou não carregar um peso maior do que o limite oficial. Há muitas funções em que é preciso carregar ou levantar grandes pesos. Os caminhões que circulam pelo nosso país, por exemplo, são carregados e descarregados por pessoas; nos hotéis e nas companhias aéreas, funcionários carregam malas dos clientes; garçons, frequentemente, levam nas bandejas um peso considerável; professores de academia de ginástica ajeitam os pesos para os alunos; faxineiras fazem trabalho pesado nas residências; lixeiros correm com pesados sacos de lixo nas mãos.

Imagine se cada trabalhador dessas atividades profissionais – escolhidas livremente por quem as exerce – decidisse processar seus clientes, ou os clientes das empresas para as quais trabalham? Ao escolher uma profissão ou ocupação, cada um decide o que é capaz de fazer e o que está acima de sua capacidade física ou intelectual. E cada um é responsável por sua decisão.

Capítulo 6

Pessoas comuns não agregam valor

O homem superior atribui a culpa a si próprio, o homem comum atribui a culpa aos outros.

Confúcio

O termo Pessoas Comuns, aqui, refere-se ao nível IV de Accountability[1]. É gente que pega para si 60% da responsabilidade e transfere para as circunstâncias ou para outras pessoas os 40% restantes. Agindo nesse nível 60/40, dificilmente, uma empresa entrega bons serviços e produtos a seus clientes. Os exemplos abaixo são casos reais, e seus personagens são Pessoas Comuns que atuaram, naquele momento, no nível 60/40. Esses episódios aconteceram na vida real e são recentes, todas essas lamentáveis situações poderiam ter sido evitadas, se o conceito de Accountability tivesse sido disseminado na cultura das empresas envolvidas.

Quando o ambiente organizacional não valoriza a atitude de pensar e agir como dono, não estimula o protagonismo e produz pessoas que fazem o "jogo do empurra" com a responsabilidade, o resultado é o descaso com o cliente e a falta de respeito com o ser humano. *Pensar e agir como dono* e com *protagonismo* são conceitos que gravitam em torno de Accountability.

---

[1] Ver no segundo capítulo, "A Evolução da Accountability na humanidade".

ACCOUNTABILITY

"O PROBLEMA NÃO É MEU."– O CASO DA COMPANHIA AÉREA E DE COMO A INDIFERENÇA DE UMA COMISSÁRIA DE BORDO DEU INÍCIO A UMA PODEROSA CAMPANHA NEGATIVA

Este é um caso que poderia ter sido resolvido rapidamente, de maneira simples, porém, pelo desleixo com que a reclamação de um cliente foi tratada, acabou sendo transformado em uma acusação em vídeo. Você deve ter visto esse "filme". Foi um *hit* no YouTube, com milhões de acessos

Dois irmãos canadenses, que formam uma dupla de música country, estavam indo de Halifax, no Canadá, para Omaha, nos Estados Unidos, para uma turnê. Na conexão, ainda no aeroporto de O"Hare, em Chicago, um deles ouviu a passageira no assento atrás, dizer algo como: "Ô loco, estão jogando violões no chão!" Ele conta que trocou olhares preocupados com sua banda, pois eles sabiam muito bem quem eram os donos dos instrumentos. Ele ainda viu o contrabaixo de um de seus músicos voando pelo ar, atirado como uma bola em direção ao carrinho de bagagem. Sua primeira reação foi reclamar para a comissária de bordo, que lhe respondeu: "Isso não é comigo! Você deve reclamar lá fora, junto ao portão de embarque." Ele foi falar com a chefe de cabine, que explicou que era apenas a "chefe em exercício". Procurou uma terceira comissária, que disse: "Mas, *honey*, é justamente por isso que pedimos que vocês assinem um documento eximindo a companhia de responsabilidade sobre bagagem delicada." Ele não tinha assinado documento algum. Mas, ainda que tivesse, isso não justificaria o tratamento que estavam dando aos instrumentos. Ela respondeu que, quando chegasse a Omaha, ele deveria reclamar no balcão de atendimento.

Ao chegar a Omaha, o músico constatou que seu violão, um *Taylor 710*, de US$ 3.500, estava danificado. Mas, quando reclamou, disseram que não poderiam resolver o problema, pois aquilo ocorrera em Chicago. Sugeriram que, quando voltasse para o Canadá, ele reportasse o caso à equipe de Halifax, onde a passagem tinha sido comprada.

Em Halifax, ele ficou sabendo que a companhia aérea, que tem sede nos Estados Unidos, não existe no Canadá. Lá, atua apenas uma representante local, que negou qualquer responsabilidade por algo que ocorrera em Chicago e deu ao músico o número de telefone do serviço de reclamações, localizado nos Estados Unidos. A pessoa que atendeu ao primeiro telefonema pediu-lhe que voltasse ao aeroporto de Halifax, levando o violão, para que pudessem ver o estrago. Ele fez o que pediram. Quem o atendeu preencheu um relatório descrevendo o problema e lhe deu um número de protocolo. Em telefonemas subsequentes, esse número foi pedido com frequência, mas, quando ele o digitava, ou quando o dava a um atendente, recebia sempre a mesma resposta: "O número não foi localizado no sistema."

Na segunda vez em que ligou para os Estados Unidos, o telefone não estava mais ativo. A ligação foi redirecionada para um número que ficava... na Índia! As pessoas que atendiam a esse número pareciam muito sensibilizadas com a situação, identificavam-se com o problema, eram gentis, mas ninguém tinha autonomia para ajudá-lo. Quando conseguiu falar com o gerente do SAC na Índia, o músico forneceu seu e-mail e recebeu a promessa de que alguém o contataria, de Chicago. Um mês depois, de fato, chegou uma carta sem assinatura avisando que alguém iria entrar em contato. Foi aí que começou a troca de correspondência com uma atendente que é, inclusive, citada no vídeo do YouTube.

O músico propôs um acordo de US$1.200 dólares, que poderiam ser pagos em passagens, para cobrir apenas o custo do conserto da guitarra. A proposta foi rejeitada. Ele tinha percebido, desde o começo, que estava participando de uma luta formatada de modo a jamais permitir que o cliente vencesse. Tudo estava cuidadosamente preparado para que a companhia aérea nunca, jamais, tivesse que reembolsar cliente nenhum por erro nenhum. Todo o sistema fora desenhado para frustrar qualquer reclamante, levando-o à exaustão, para fazer com que desistisse de qualquer reivindicação. Pelos registros do Departamento de Transportes dos Estados Unidos, essa empresa é uma das líderes em queixas referentes a bagagem (seja por extravio, descaminho, danos ou furtos).

A companhia aérea não negava que o violão tivesse sido quebrado por seus funcionários. Mas, durante nove meses, cada uma das pessoas com quem o músico falou pôs a culpa em outra. E ele falou com muita gente! Perdeu muito tempo em atendimento eletrônico, espera, transferências de ligações para outros departamentos. Quando conseguia falar com qualquer pessoa, tinha de contar toda a história novamente, *todas* as vezes. Alguns dos atendentes foram simpáticos, mas nenhum resolvia o caso.

Por fim, a empresa declarou, categoricamente, que não reembolsaria o músico pelo estrago. Em seu site, ele escreveu: "prometi à atendente escrever três canções sobre minha experiência como cliente da companhia aérea, com um vídeo para cada uma, para que todas as pessoas do mundo soubessem o que tinha acontecido."

No dia 6 de Julho de 2009, o primeiro vídeo foi postado no YouTube, contando a história em estilo country, de forma bem-humorada, com uma melodia cativante. Imediatamente tornou-se um viral, um grande hit. Nas primeiras vinte e quatro horas, foi visto por cento e sessenta mil pessoas. Três dias depois, já tinha tido quinhentos mil acessos. Em um mês, cinco milhões. Em maio de 2013, eram mais de treze milhões.

Quatro dias depois de o vídeo ser publicado on-line, as ações da companhia aérea caíram. Verdade que os meses de julho, agosto e setembro daquele ano foram desastrosos para as empresas aéreas de um modo geral, mas as ações dessa companhia caíram muito mais do que as das outras empresas. É possível que outros fatores, relacionados às condições financeiras da empresa, do mercado e das concorrentes, tenham pesado nas decisões de compra e venda que levaram a essa queda. A revista *Time*, no entanto, identificou uma relação direta entre o vídeo e a desvalorização.

O fundador e proprietário da fábrica de instrumentos musicais *Taylor*, marca do violão danificado, deu ao protagonista deste caso duas novas guitarras, grato pela promoção proporcionada. O diretor de relações com consumidores da companhia aérea telefonou-lhe pessoalmente para se desculpar, contou que fez mudanças na política de atendimento a queixas e pediu autorização para utilizar o vídeo em treinamentos internos. Ofereceu ao músico uma indenização, mas àquela altura, tudo o que ele pediu foi que doassem o dinheiro a uma instituição de caridade (escolhida por ele) e lhe enviassem o comprovante.

Qualquer pessoa sabe que comissários de bordo lidam com passageiros – e não com bagagem. Talvez qualquer Pessoa Comum respondesse como as comissárias da companhia aérea: "O problema não é meu." Mas, hoje, nesse ambiente tão competitivo, a empresa que tiver Pessoas Comuns na linha de frente, atendendo aos seus clientes, está se arriscando muito. Uma Pessoa Excelente teria cuidado do problema mesmo que não fosse de sua área ou do seu setor.

A propósito, pelos registros do Departamento de Transportes dos Estados Unidos, essa companhia aérea é uma das que apresenta maior quantidade de queixas por bagagem extraviada, desencaminhada, danificada ou roubada. Em abril de 2009, era a décima colocada entre 19 empresas avaliadas, com mais de 13 mil reclamações.

O músico passou a ser convidado para dar palestras sobre qualidade de atendimento ao consumidor e sobre a força das mídias sociais. Falou para o Congresso de Direitos dos Passageiros em Washington, entre outras grandes plateias. Atualmente, além de seu site, ele tem um blog em que pessoas que se sentiram desrespeitadas por alguma empresa compartilham problemas e sugerem soluções. Decerto, qualquer empresa sabe que ele pode compor a qualquer momento uma nova música criticando seus serviços, e procura atender, rapidamente, a qualquer reclamação sua.

"ELE ESTEVE AÍ E NÃO TINHA NINGUÉM."– A COMPANHIA DE ENERGIA ELÉTRICA QUE GOSTAVA MAIS DE DESLIGAR A ENERGIA DO QUE DE RELIGÁ-LA

Do ponto vista lógico, as empresas de energia elétrica deveriam gostar mais de ligar a energia na casa dos usuários do que de desligá-la, mas parece que algumas não seguem a lógica. Pelo menos, não a do consumidor.

Às dez horas da manhã de uma sexta-feira de abril de 2011, a designer Lúcia estava estacionando o carro na garagem de sua casa, após chegar do supermercado, quando viu um funcionário da companhia de energia elétrica cortando o fio que vai até sua casa. Perguntou o que estava acontecendo. Ele disse que a conta não tinha sido paga. Lúcia se lembrou de que o banco trocara, havia pouco tempo, o cartão em que a conta era debitada, pois a validade vencera, e ela tinha se esquecido de transferir o débito automático para o novo cartão. A companhia de abastecimento de água a avisou do atraso por telefone e ela pagou pela internet, na mesma hora. A empresa obteve o comprovante do pagamento, on-line, imediatamente. Mas a companhia de energia elétrica não telefonou: apenas mandou o cortador de fios.

Ela fez o pagamento ali mesmo, pelo *browser* do celular, e pediu que o rapaz verificasse em seu computador de mão que a dívida estava paga. Ele respondeu que o pagamento leva quatro dias para "entrar no sistema" e ela, então, entrou em casa para imprimir o recibo do banco. Quando voltou, o corte já tinha sido feito!

Ela ligou para a companhia, para reclamar, e ouviu que o funcionário tinha agido corretamente. Lúcia foi instruída a pedir uma "religação de urgência". Quando perguntou à atendente se o mesmo funcionário poderia voltar e fazer a religação, a resposta foi "não". Ela foi informada de que a religação seria feita em até quatro horas, mediante o pagamento de uma taxa de urgência a ser cobrada na conta seguinte. Passadas as quatro horas, nada fora feito. Quando Lúcia ligou para reclamar, ouviu que o funcionário tinha ido à casa dela, mas ninguém tinha atendido à campainha... Ela argumentou que ninguém atendeu porque, obviamente, a campainha não funciona sem energia!

Pediu que retornassem, obtendo um novo protocolo de atendimento e um novo prazo de quatro horas. Desta vez, ela colocou um bilhete ao lado da campainha, avisando que tinha gente em casa, para baterem palmas, buzinarem ou chamarem. Mas, por via das dúvidas, sua filha e a empregada ficaram sentadas em cadeiras no jardim, em frente da casa. Ela precisava sair para trabalhar, mas estaria por perto. Se o técnico chegasse, era só telefonarem que ela voltaria correndo – pois a atendente do call center avisou que apenas ela poderia assinar o protocolo da religação, que está em seu nome. O portão tem grades de ferro, é impossível alguém chegar e ir embora sem ser visto. Mas foi isso o que alegaram, quando Lúcia ligou horas depois: "Ele esteve aí e não tinha ninguém." Depois de informar à atendente que o técnico estava "equivocado" – pois se dissesse que o técnico mentira, poderia aumentar a má vontade do atendimento, Lúcia fez um terceiro pedido de "religação de urgência".

Seu pai foi para a casa dela e ambos se sentaram no jardim. Perto da meia-noite, como o técnico não havia chegado, ligaram para a empresa e, novamente, ouviram que uma equipe havia ido até lá, mas que não fora recebida. Mais uma vez, ela argumentou que era impossível aquilo ter acontecido, pois durante todo o tempo havia pelo menos *uma* pessoa sentada no jardim. Porém, suas justificativas foram em vão.

O problema tornou-se mais grave: o final de semana se aproximara. A partir da meia-noite de sexta-feira, o prazo para a "religação de urgência" passaria a não ser mais de quatro, e sim de vinte e quatro horas.

No domingo, como o pedido não fora atendido no prazo estabelecido, um novo período de vinte e quatro horas começou a contar a partir da última reclamação. Este prazo não foi cumprido. E nem os posteriores a ele.

Naquela segunda-feira, Lúcia ligou para a ouvidoria. Foi instruída a, dali para a frente, não falar mais com o call center. Prometeram mandar um funcionário com urgência a sua residência.

Passado algum tempo, ela viu um caminhão da companhia de energia elétrica estacionado em frente à sua casa. Pensou que fossem resolver o caso, mas estavam só fazendo a manutenção em um fio do outro lado da rua. Lúcia pediu ao técnico que aproveitasse para religar a energia de sua casa – a esta altura, as compras do supermercado haviam sido guardadas na geladeira da sogra e a família toda não pôde aproveitar o fim de semana ensolarado. O técnico respondeu que não possuía autorização para realizar reparos que não tinham sido pré-agendados pela empresa. Lúcia ligou novamente para a ouvidora, certa de que dariam a autorização, já que o caminhão se encontrava em frente à sua casa. Disseram que outro funcionário seria enviado, pois aquele estava destinado a outros atendimentos.

O técnico foi embora, mas ficou pensando no problema daquela família e voltou, com sua equipe. Resolvido o caso, Lúcia ligou mais uma vez para a companhia, para avisar que não precisavam enviar o outro técnico, ouviu que receberia uma multa na conta seguinte, por ter forçado um funcionário a fazer um serviço sem autorização, e que ele também seria punido.

"QUEM SALVOU NOSSA VIDA, FOI UM CORRETOR."– TRÊS EMPRESAS QUE SE UNIRAM CONTRA UM JOVEM CASAL

Paula, uma jovem professora de educação física, trabalhava em uma das maiores academias de ginástica de São Paulo. A empresa oferecia aos funcionários um plano de saúde básico, mas ela optou por complementar os pagamentos, para ter o melhor plano da seguradora, assim teria direito aos melhores hospitais e a serviços diferenciados.

Grávida de gêmeos, com vinte e sete semanas de gestação, ela precisou ser internada. A orientação médica foi de que o parto fosse antecipado, para preservar a vida da mãe.

A médica esperou a gestação completar trinta semanas, doze semanas a menos que uma gestação normal, para que a chance de sobrevivência dos bebês fosse maior. Após o parto, o marido de Paula dirigiu-se ao posto de atendimento da seguradora, no próprio Hospital, para informar-se sobre a extensão da cobertura do plano para as crianças. A atendente informou que as crianças teriam cobertura por trinta dias. Depois disso, precisariam de um plano próprio. Mas informou também, equivocadamente, que enquanto a mãe estivesse internada, a cobertura da internação das crianças estaria garantida.

Por serem prematuros, os bebês, um menino e uma menina, tiveram que passar por procedimentos cirúrgicos, por sessões de fonoaudiologia (vital para conseguirem respirar e deglutir) e precisaram também de fisioterapia motora e respiratória. Apenas após trinta e sete dias, a seguradora informou à academia, que duas crianças recém-nascidas, filhas de uma de suas funcionárias, estavam internadas, sem cobertura. A seguradora declarou que cobriria os gastos das crianças apenas durante os primeiros trinta dias de internação, naquele momento, os bebês já estavam sem cobertura havia uma semana.

Àquela altura, a dívida em diárias já tinha chegado a US$ 35.000,00 para cada criança e, naturalmente, aumentaria todos os dias. A diária na UTI era de US$ 5.000,00. As despesas extraordinárias somavam cerca de US$ 30.000,00, incluindo os honorários dos cirurgiões e dos anestesistas, as sessões de fisioterapia e de fonoaudiologia e o material utilizado.

Diante da dívida impagável, Paula e o marido começaram uma jornada com envio de e-mails e telefonemas para as três partes envolvidas: a academia, o hospital e a seguradora. Cada parte "tirava o corpo fora", jogando a responsabilidade para uma das outras partes.

O departamento jurídico do hospital dizia que precisava ver o contrato do plano de saúde. Paula pediu à academia uma cópia do contrato com a seguradora, mas a empresa se recusou a entregar o documento. Disseram que ela teria que ir à sede, no Rio de Janeiro, acompanhada de um advogado. A seguradora alegava que seu cliente não era Paula, e sim a academia, e que não poderia divulgar a outras pessoas os termos do contrato. O hospital declarou que iria cobrar do jovem casal os serviços realizados, se a seguradora não se responsabilizasse. Para interromper o volume diário de despesas, a única solução seria a alta médica, com os bebês recebendo cuidados em casa.

O hospital liberou o menino, mas a menina estava muito frágil e deveria permanecer na UTI ou ir para outro hospital. Os pais pesquisaram hospitais cobertos pelo plano e conseguiram vaga em um deles, mas sem direito a ambulância. Para transferir sua filha, o casal teve que assumir o alto custo de uma ambulância com incubadora. Durante algumas semanas, Paula se dividiu entre os dois bebês, com uma jornada diária de 19 Km entre sua casa e o hospital, no trânsito tenso de São Paulo.

"Quem salvou nossa vida", diz ela, "foi um corretor da seguradora". Ele ouviu falar no caso e se sensibilizou, porque passara por situação semelhante. Propôs ao casal uma solução simples, algo que poderia ter sido feito logo no início do problema: um procedimento de "inclusão tardia", incluindo as crianças, retroativamente, como dependentes de Paula. Ela fez o pagamento retroativo das mensalidades e assim a seguradora assumiu as diárias de UTI – mas não as de fisioterapia, as de fonoaudiologia e os procedimentos cirúrgicos. O casal levou dois anos para quitar essas despesas.

"VOCÊ FERROU O MEU NAVIO!" – O CASO DA CAPITÃ DE MAR E GUERRA QUE TRANSFORMOU O USS COWPENS EM INFERNO

Holly Graf era vista como um exemplo pelos outros oficiais da Marinha do Estados Unidos. Recebeu a Estrela de Bronze, na Guerra do Iraque, além da Legião de Mérito e duas Medalhas de Serviço, sendo uma na categoria Defesa. É formada em Engenharia Civil pela Universidade de Villanova, na Filadélfia, e em Segurança Nacional e Estudos Estratégicos pela Faculdade da Marinha de Guerra. Foi a primeira mulher a comandar um *Destroyer*, o *USS Winston Churchill*. A Marinha está no sangue da família: seu pai foi capitão, sua irmã, Robin, é almirante.

O navio *USS Cowpens* teve um papel importante na Guerra do Iraque. Pertencente à classe *Ticonderoga*, versáteis embarcações equipadas para combate antiaéreo e antissubmarino, foi o segundo e último navio de guerra comandado pela capitã Holly Graf. Os constantes pedidos de desligamento da marinha ou de transferência para outras bases, por parte de alguns dos seus 400 oficiais e marinheiros, deflagraram um processo de investigação interna que acabou revelando o estilo de comando de Holy. A isso somou-se um relatório do capelão Maurice Kaprow, que a acompanhara no *USS Winston Churchill.*

Holly culpava seus oficiais e a tripulação por tudo que dava errado no navio. Não assumia seus erros, e quem tivesse coragem de tentar relatar a ela alguma situação inadequada era recebido a gritos. O ambiente de trabalho no barco era de terror – não por medo de um inimigo externo, mas da própria comandante. Quando o *USS Winston Churchill* encalhou, ela agarrou o navegador – um oficial britânico – pelo colarinho e o arrastou para o *deck* do navio: "Foi você que ferrou a droga do meu barco?", perguntava, aos gritos. Mas não foi essa cena o que mais supreendeu o capelão Maurice Kaprow, recém-chegado ao navio, e sim a reação dos marinheiros. Imaginando que o encalhe do *USS Winston Churchill* significaria que a carreira da capitã estava encerrada, eles começaram a cantar alegremente: "*Ding dong*, a bruxa caiu!". O capelão ficou pasmo: "Eles estavam dançando de alegria!"

O encalhe do *USS Winston Churchil* tinha sido causado por uma hélice quebrada. "A culpa foi da capitã Graf", disseram membros da tripulação, "pois ela ordenou que deixássemos o porto a 25 nós, excedendo o limite de carga dos eixos e das hélices. Ela pôs todos em perigo." Segundo o capelão, o clima no *USS Winston Churchill* foi o pior que ele viu em vinte anos de marinha.

Mas, apesar do encalhe e das denúncias, Holly foi promovida, porque o tempo de casa é um dos critérios para promoção nas forças armadas de qualquer país, e a investigação interna é muito lenta. Foi assim que ela chegou ao comando do *USS Cowpens.*

O estilo de comando de Holly era baseado em intimidação e maus tratos. Ofensas públicas eram rotineiras. Eis algumas das frases da capitã, citadas pela tripulação (todas pontuadas por palavras de baixo calão, que foram suprimidas na nossa tradução):

"Esta é apenas uma das razões pelas quais eu odeio você!" (Quando um oficial foi procurá-la para pedir orientações técnicas.)

"Cai fora da droga da minha cabine!" (No momento em que um outro oficial pedia permissão para sair do camarote, depois de uma discussão.)

"Não me venha com os seus probleminhas!" (Após uma oficial pedir conselhos sobre o trabalho a ela.)

Ameaças constantes por parte da capitã intimidavam a tripulação e faziam com que o ambiente no barco fosse cada vez pior. Segundo os investigadores, como dito anteriormente, ela ofendia e humilhava publicamente os subordinados; jogava canecas, livros e relatórios nos oficiais sob seu comando, cuspia no rosto das pessoas com quem se desentendia e chegou a dar um tapa na cara de uma oficial. [2]

Pior que ter um "Homer" na equipe, é ter um "Homer" na gestão. Um líder que culpa a sua equipe e que não assume a responsabilidade acaba com a moral do time.

---

[2] Em novembro de 2010, a capitão Holly Graf foi desligada das forças armadas, "sem honras". Mas, em 2012, essa decisão foi revertida e uma nova junta, embora mantendo o desligamento, decidiu que seus serviços não poderiam ser considerados abaixo de "honrosos".

Capítulo 7

A força das perguntas

Uma pergunta prudente é metade da sabedoria.

– Francis Bacon –

Pior do que enfrentar uma frustração, é reagir a ela de maneira inadequada. Diante de um problema, seja ele insignificante, como um atraso causado por um congestionamento de trânsito, seja ele realmente grave, como a perda do emprego, ou até mesmo irreparável, como a morte de uma pessoa querida, o que determina o quanto sofremos e as consequências desse sofrimento em nossas vidas, não é o evento em si, mas a forma como reagimos a ele.

Fazer as perguntas certas é um ótimo começo. Em *Power of Questions*, os autores Andrew Sobel e Jerry Panas dizem que:

> Boas perguntas são mais poderosas do que respostas certas. Elas redefinem o problema, jogam um balde de água fria em conceitos já formados e nos forçam a cair fora do pensamento tradicional.
>
> – Sobel; Panas, 2002 –

Uma grande amiga minha ficou viúva de forma trágica: seu marido tirou a própria vida com uma arma de fogo. Um ano depois da morte dele, marcamos um encontro. Eu esperava uma conversa melancólica, talvez depressiva. Para minha surpresa, foi um almoço muito agradável, no qual aprendi muito. Surpreso com seu ânimo, perguntei como tinha sido o processo de elaboração do luto e como ela havia se recuperado tão rápido. Ela explicou que mantivera a casa sempre cheia de amigos, assistira a palestras sobre como lidar com a perda, mas, na sua opinião, o principal fator de sua força tinha sido a terapia. Contou que seu terapeuta, um senhor de 80 anos, com mais de cinquenta anos de profissão, foi quem mostrou a ela a importância de "trocar a pergunta" que a incomodava.

Naturalmente, eu quis saber que pergunta ela fazia, e que pergunta passou a fazer. Ela disse que pessoas que perdem alguém por suicídio costumam se perguntar "por quê?", as opções são muitas: "Por que ele se matou?"; "Por que eu não percebi que havia algo errado? "; "Por que justo ele? "; "Por que isto aconteceu justo comigo?"; "Por que agora?"... Essas são perguntas de culpabilidade, buscam respostas que ninguém pode dar. A única pessoa que realmente poderia responder a elas, já não está viva.

O terapeuta propôs mudar o enfoque. Perguntar "*por que não* comigo?", por exemplo, afinal, coisas ruins podem acontecer a qualquer pessoa – assim como coisas boas. Ninguém está livre de passar por momentos difíceis. "Por que não eu?" – afinal, não estou acima dos outros seres humanos. Para viver, é preciso aproveitar os momentos bons e enfrentar os maus momentos, por mais difíceis que pareçam. Todos fazem parte da nossa vida.

As perguntas certas nos levam a refletir. Dão-nos direcionamento e esperança, mantendo nossos olhos no futuro. As perguntas de culpabilidade, ao contrário, nos mantêm presos aos problemas e ao passado.

Certa vez, entrevistei uma jovem muito inteligente, formada em marketing. Trabalhava com a mãe em uma bem-sucedida agência de palestrantes. Durante a entrevista, percebi que se tratava de uma pessoa muito diferenciada. Entre outras coisas, ela era faixa preta de *tae kwon do*[1]. Perguntei-lhe, em tom de brincadeira, se já havia entrado em alguma briga para valer. Sua resposta foi muito inteligente: "Para que vou entrar numa briga, se sei que vou vencer? E, se eu souber que vou perder, para que vou entrar na briga? E, se não sei se vou ganhar ou perder, para que vou entrar nessa briga?"

Ficou claro para mim que eu estava diante de alguém cuja mente está programada para centralizar em si mesma a responsabilidade por suas decisões. O "eu" dessa moça está no centro e puxa para si toda a responsabilidade, pesa as consequências dos seus atos antes de realizá-los. Paralelamente ao treinamento físico de repetir com precisão movimentos de pés e mãos, sua mente também foi treinada para pensar, avaliar e decidir de maneira responsável.

---

[1] Em uma tradução livre, tae-kwon-do significa "o caminho da mente para as pernas e as mãos".

PERGUNTAS DE CULPABILIDADE: AS QUE EMPURRAM A CULPA PARA OS OUTROS

As perguntas refletem o modo como percebemos o mundo à nossa volta. Quando enfrentamos problemas ou frustrações, nossas mentes tendem a perguntar "por quê?", para tentar processar a situação.

Nosso papel pode ser o de espectador, coadjuvante ou protagonista.

O espectador assiste confortavelmente a uma cena, sem participar dela. Do ponto de vista da Accountability, ele escolhe não fazer nada. É comum ver isso nas estradas, quando ocorre um acidente com pessoas feridas: o espectador diminui a velocidade, mas não para o seu carro, não desce, não oferece nenhuma ajuda. Qualquer ajuda: um celular, uma garrafa de água ou uma palavra de conforto.

O coadjuvante participa discretamente. É como um garçom que serve uma bebida, enquanto o casal protagonista conversa. Do ponto de vista da Accountability, o coadjuvante é o que se conforma em fazer apenas sua obrigação. São as pessoas que dizem: "eu fiz o que me mandaram..."

O protagonista tem o papel principal. O roteiro não se desenvolve sem ele. A palavra *protagonista* vem do grego. Numa batalha, eram chamados de *protagonistas* os soldados da primeira linha. Numa cena teatral, o protagonista era (e é até hoje) o que representa o papel principal. *Protos,* em grego, significa "o primeiro", "o que está à frente".

Do ponto de vista da Accountability, protagonista é quem não tem medo de assumir suas responsabilidades. É alguém que desempenha um papel nobre, crucial, alguém que sabe que veio ao mundo para fazer alguma diferença.

Os "Homers" agem como espectadores ou coadjuvantes. Como se sentem sempre menores do que as circunstâncias, pequenos diante dos problemas, eles se colocam como vítimas dos acontecimentos. Vítimas do chefe, que "não dá *feedback*"; do sistema de remuneração, que é "injusto"; do plano de carreira, que "não tem regras claras"; do ambiente de trabalho, que é "muito competitivo" ou de qualquer outro fator que "não se pode controlar". Assim, não conseguem ver saídas – não conseguem nem mesmo ver que *existem* saídas. Diante de um problema, pequeno ou grande, as Pessoas Comuns fazem perguntas comuns:

1. Por quê?
   - Por que isto está acontecendo?
   - Por que comigo?
   - Por que justamente agora, quando a minha vida estava tão boa?
2. Desde quando?
3. Como eu poderia ter sabido disso?
4. Quem poderia imaginar isso?
5. De quem foi essa ideia?
6. Quem fez isso comigo?
7. O que eu fiz de errado, para merecer isso?

Essas são perguntas que dificilmente podem ser respondidas de maneira satisfatória. Todas eximem de responsabilidade o "Homer" (ou a Pessoa Comum que fez a pergunta), mesmo que por uma pequena parte do problema. Quando não encontramos as respostas definitivas, que encerram uma questão, nossa mente não para de dar voltas em torno daquilo. Prisioneiros de nossos pensamentos, só conseguimos pensar no passado, no que deu errado, sem ver as oportunidades do presente e do futuro.

Perguntas de respondabilidade: as que puxam para si a responsabilidade

O termo *Respondabilidade* não faz parte da língua portuguesa. Como já foi dito anteriormente, criei esta palavra com a intenção de dar-lhe o *sentido de puxar ou encontrar a responsabilidade*.

As perguntas de *Respondabilidade* são bem-elaboradas, do ponto de vista formal, e mais amadurecidas, do ponto de vista emocional. Fazem parte do vocabulário dos Accountables, das Pessoas Excelentes que escolhem para si o papel de protagonistas e buscam respostas em si mesmas, assim como procuram reagir da forma mais correta possível para resolver cada problema. Observe que não são perguntas instintivas, elas não surgem naturalmente. A pessoa precisa conhecer um repertório de perguntas e ter a mente treinada para usá-las, quando a situação surgir. São perguntas que as Pessoas Excelentes *escolhem* fazer, *optam* por fazer e aprendem a *se* fazer.

E as Pessoas Excelentes se fazem estas perguntas porque sabem que, em qualquer situação, há escolhas possíveis. Nós podemos decidir como vamos reagir, temos o livre-arbítrio. Se não podemos controlar as circunstâncias, pelo menos podemos controlar nossa reação em relação às circunstâncias, com perguntas do tipo:

1. Como eu posso resolver esse problema?
2. O que eu posso fazer, dentro destas circunstâncias, para ajudar?
3. Como eu posso minimizar as consequências desse problema?
4. Como eu posso agir, para impedir que este problema surja outra vez?
5. O que posso aprender de bom, para mim e para os outros, a partir desta situação?
6. O que posso fazer para que isto não me afete, se acontecer outra vez?
7. De que maneira devo lidar com isso?

Para fazer perguntas como essas, precisamos de treino mental constante. Nossa tendência instintiva é fugir delas, porque nos dão a sensação de que aumentam nossa carga de obrigações. Mas essa sensação é passageira. Depois que começamos a nos fazer as perguntas certas, elas se tornam naturais. É como se nossa mente passasse por um processo de reprogramação, de atualização para versões mais avançadas dos softwares que utilizamos. Como se os bugs da versão de instalação, a versão "de fábrica" com a qual nascemos, tivessem desaparecido, na versão atualizada. Percebemos que essa é a maneira adequada e saudável de reagir, pois nos permite contribuir ativamente para encontrar as melhores soluções. Quem aprende a agir assim não quer voltar à maneira como agia antes; não quer pensar como pensava; e nem se sente bem convivendo com Pessoas Comuns, cujo repertório de perguntas é o da culpabilidade. Quem experimenta a maturidade e vê a luz não quer voltar para a escuridão.

Mais difícil do que fazer as perguntas certas é reagir às suas respostas. Para facilitar a capacidade de lidar com questões desse tipo, proponho um treino de mudança de percepção, através de perguntas de forte reflexão:

1. E se eu decidisse não me deixar afetar pelas circunstâncias?
2. E se eu esperar algo melhor do futuro, sempre?

3. Se eu estivesse em uma situação sem ninguém para me apoiar e dependesse 100% desse trabalho, o que eu faria de diferente?
4. Se eu estivesse no lugar dessa outra pessoa, como eu gostaria que os outros agissem comigo?
5. Se a empresa fosse minha, como eu gostaria que um colaborador na minha situação agisse?

"QUEM FEZ ISSO COMIGO?"–O CASO DO PROFESSOR QUE SE DISTRAIU NUMA SALA VIRTUAL DE BATE-PAPO

Redes sociais e salas de chat são um ótimo passatempo. Resgatam relacionamentos que o tempo iria apagar, ajudam a conhecer novas pessoas, e até, quem sabe, a encontrar um grande amor. Mas, como tudo que é utilizado em excesso, as redes sociais também podem se tornar um vício, tirando o foco das obrigações do dia a dia – além de provocar perda de tempo.

Foi o que aconteceu com o professor Jorge, que mora em uma grande cidade brasileira, com o trânsito sempre caótico. Ele precisava aplicar uma prova às 7h, mas na noite anterior, se envolveu em uma conversa divertida em uma sala de chat, e acabou ficando acordado até tarde. Quando se deu conta, já era hora de ir para a escola.

Isso ocorreu, pois no momento em que estava se despedindo dos amigos, na sala virtual, entrou uma pessoa com o apelido de "Dúvidas" e lhe fez uma pergunta à qual ele sentiu que não poderia deixar de responder. A pergunta era exatamente dentro da sua especialidade e ele começou a dar longas e detalhadas explicações à pessoa, aparentemente um(a) desconhecido(a). Mas uma frase em particular escrita por "Dúvidas" fez com que Jorge reconhecesse o estilo de teclar de uma velha amiga. Irritado, achando que estava perdendo o seu tempo com uma pegadinha, fechou o laptop e saiu.

Como estava muito atrasado, resolveu deixar o carro na garagem e ir para a escola de moto. Mas, com os reflexos alterados pela falta de sono, e dirigindo rápido demais, ele perdeu o controle da moto numa curva e rodou várias vezes, acidentando-se tão gravemente que acabou tendo que amputar a perna direita.

Ele se recuperou bem, fisicamente. Aprendeu a andar com uma prótese sofisticada. Além disso, casou-se com sua fisioterapeuta, voltou a dar aulas e a encontrar os amigos para a *happy hour*. Mas continua preso ao passado, preocupado com a pergunta "quem fez isso comigo…?"

A FORÇA DAS PERGUNTAS

Ele acredita que sabe a resposta. Pensa que a pessoa por traz do apelido "Dúvidas" é uma antiga amiga, conhecida de longa data, que fez a pergunta para se divertir às suas custas. Portanto, ela é a responsável pelo atraso e, consequentemente, é culpada pelo acidente. Jorge foi procurá-la mais de uma vez, querendo forçá-la a admitir a culpa pelo acidente, e foi agressivo a ponto de o namorado da moça ter registrado uma queixa na polícia. Os amigos do professor, e até mesmo seus parentes, dizem a ele que a responsabilidade foi dele mesmo. Provavelmente, a pessoa que entrou na sala de chat com o nome de "Dúvidas" era alguém desconhecido, procurando respostas para coisas que realmente não sabia. Mas, ainda que a pessoa tivesse fingido ter "dúvidas", Jorge era livre para desligar o computador quando quisesse e sair de casa a tempo de chegar à escola com o carro, como costumava fazer.

Capítulo 8

Accountables ou pessoas excelentes agregam muito valor

Feliz de quem entende que tem que mudar muito, para continuar sendo o mesmo.

Dom Hélder Câmara

A expressão "follow the horse" (siga o cavalo) fazia sentido no Velho Oeste dos Estados Unidos. Refere-se ao fato de que o cavalo sabia o caminho de casa, o cowboy não precisava se preocupar em conduzi-lo na volta, depois de beber no bar.

Conversando com meus clientes de *coaching* e participantes dos meus workshops, aprendi que, mesmo não sendo cowboys e nem estando bêbados, nós devemos escolher os "cavalos" certos para seguir. Pessoas que passam por nossas vidas e nos marcam, por seu exemplo de superação, por suas personalidades marcantes ou pela forma como encaram a vida. É nessas pessoas que devemos nos espelhar, são essas as pessoas que devemos seguir. Seguir com cautela, talvez. E seguir apenas por algum tempo, não "para sempre", pois, se agíssemos assim, estaríamos depositando nelas mais responsabilidade por nossas vidas do que a que atribuímos a nós mesmos.

Ter pessoas como essas na estrutura de uma empresa já é um diferencial competitivo grande o suficiente para incomodar a concorrência. Imagine, então, ter pessoas assim na liderança e na alta gestão!

Selecionei três casos de líderes que atuam em segmentos completamente diferentes do setor industrial, apenas para ilustrar o impacto que os Accountables ou Pessoas Excelentes provocam quando lideram uma organização.

DIMEP – DO MUNDO ELETROMECÂNICO PARA O MUNDO ELETRÔNICO, SEM PERDER O FOCO E NEM O MERCADO

Nas décadas de 1970 e 1980, havia equipamentos de escritório indispensáveis nas salas e nas mesas de qualquer empresa que quisesse transmitir uma imagem de organização e solidez. Seus fabricantes eram grandes nomes internacionais, como Olivetti, Remington e GTE ou nacionais, como a Fiel e a Dimep. A Facit fazia máquinas de calcular, a Fiel produzia arquivos e outros móveis em aço, a Remington e a Olivetti fabricavam máquinas de escrever, a GTE fazia aparelhos de PBX e PABX (centrais telefônicas, com ramais) e a Dimep fabricava relógios de ponto. Todo escritório, de qualquer setor da economia, tinha essas grandes marcas em suas instalações, tanto pela utilidade dos equipamentos, como para apresentar aos clientes uma imagem de modernidade e eficiência.

O controle do acesso dos funcionários sempre foi um ponto problemático nas empresas. Os relógios de ponto começaram a ser usados no Brasil, na década de 1930, quando Getúlio Vargas introduziu por decreto leis trabalhistas que definiam a carga de horas trabalhadas pelos empregados. Mas, em muitas empresas o controle era feito por um porteiro, que conhecia todos os funcionários e anotava a chegada de cada um, bem como sua saída, além de autorizar ou não a entrada de pessoas de fora.

Com o aumento do número de empregados, controlar o acesso às dependências das empresas passou a ser mais complicado. Era imprescindível saber quem eram os funcionários pontuais, quais se atrasavam com frequência, quem faltava um dia ou muitos dias, quem já tinha voltado do almoço, quem saia para almoçar e demorava a retornar, quem encerrou o expediente mais cedo e quem fez hora extra. Cada empresa criou o seu sistema: alguns adotaram cartelas, como as de bingo, uma para cada funcionário, com um calendário impresso mês a mês, nas quais o chefe do departamento pessoal rubricava as datas e anotava os horários; outras valiam-se de carimbos ou fichas de metal e até de cartolina.

Lembro-me de ter visitado em Campinas, em 1977, uma fábrica de chapéus em que o controle de presença era feito através de fichas de metal numeradas.

Cada funcionário tinha a sua, com o seu respectivo número. Na porta da entrada, formava-se uma longa fila: a primeira parada era para pegar, no guichê 1, fichas entregues por alguém do departamento pessoal. Os novatos tinham que dizer seu nome, para que a ficha fosse localizada, mas a maioria dos trabalhadores era conhecida. Depois, cada um deixava suas fichas com a outra pessoa no guichê 2. O registro de presença era totalmente manual, demorado, e os horários de entrada e de saída não eram marcados com precisão. Era um sistema sujeito a muitas falhas, mas que funcionava e, na época, era considerado bom.

O passo seguinte dessa evolução foi o uso de cartões com o nome do empregado. Nas empresas maiores, o nome era datilografado. Nas pequenas, era escrito a caneta. Esse cartão era inserido em um aparelho que marcava os horários de entrada e saída, montado dentro de uma grande caixa de metal fixada à parede: o "relógio de ponto". Compunha-se de um mostrador, um relógio e uma alavanca de metal. Ao chegar à empresa ou ao sair, o empregado acionava a alavanca para perfurar seu "cartão de ponto", registrando assim os horários de entradas e de saída. As engrenagens eram movidas a corda. Para "dar corda" no relógio de ponto, usava-se uma chave que costumava ficar pendurada em um gancho.

A Dimep fabrica relógios de ponto desde 1936, tornou-se referência no mercado brasileiro pela alta qualidade dos seus produtos. Apesar da constante evolução, com mecanismos sincronizados e precisos, o sistema foi durante muito tempo inteiramente mecânico: se ninguém desse corda, o relógio poderia parar, coisa que às vezes acontecia em finais de semana ou feriados prolongados. Sempre em busca de novas tecnologias, a Dimep foi pioneira no uso de eletricidade nesses relógios, evitando que parassem por falta de corda.

No início da década de 1990, o mercado brasileiro foi reaberto para importações, depois de vinte e quatro anos de fechamento e proteção da indústria nacional. Quando os produtos importados chegaram, trazendo tecnologia superior aos similares nacionais, as empresas precisaram reagir à competição. No primeiro momento, a maioria dos industriais não imaginava os impactos que a abertura viria a ter nos seus negócios, foi depois de três ou quatro anos que começou a ficar claro que muitas empresas nacionais não sobreviveriam nesse novo cenário.

Quase todas as marcas-referência citadas no início deste capítulo, aquelas que estavam presentes em todos os escritórios, deixaram de existir. Uma das exceções é a Dimep, que continua no mesmo segmento, sem perder o foco. É a maior indústria do seu segmento no hemisfério sul. Tem 75% do mercado nacional e exporta para a América Latina, a Europa e a África.

Na época da abertura do mercado, a Dimep já usava componentes eletrônicos em seus relógios. Naquele período, a empresa passava por um processo interno de transição, o comando estava sendo transmitido da primeira para a segunda geração.

Dimas de Melo Pimenta dizia a seu filho, Dimas de Melo Pimenta II, sobre as então novas tecnologias: "Filho, já entramos no hardware. Nunca entre no software! Se tivermos software, teremos que lidar com programadores e sistemas, e nós não entendemos o que eles falam. Fique fora disso."

Dimas II exerceu sua paixão por tecnologia incorporando aos relógios de ponto e aos sistemas de controle de acesso inovações como as cancelas automatizadas e a biometria. Hoje, a empresa tem um laboratório de desenvolvimento de software, além de exportar seus produtos para vários locais, como dito anteriormente, tem subsidiárias em Portugal e no México.

Todo esse processo de migração para novas tecnologias pode parecer óbvio para alguns, mas são casos raros no mundo dos negócios. Quem costuma culpar fornecedores por falta de qualidade ou os clientes, por não serem fiéis, não consegue gerir essa transição.

Somente conseguem fazer uma trajetória bem-sucedida, através de cenários difíceis, as empresas que têm na alta gestão, pessoas que pegam a responsabilidade para si.

Ambev – Transformando pessoas comuns em pessoas excelentes

Pessoas que trabalham juntas por muito tempo desenvolvem seu próprio conjunto de crenças, mesmo que não seja explícito em forma de visão, missão e valores. O texto escrito usando esses termos somente se transforma em filosofia corporativa e passa a fazer parte da cultura da empresa quando é vivenciado e praticado no dia a dia. Um dos elementos da cultura AmBev é o valor que dão aos sonhos. Eles acreditam em sonhos. Acreditam que, se você põe uma meta na cabeça e trabalha duro, você a alcança. Para eles, sonhar grande ou pequeno dá o mesmo trabalho – portanto, já que é para ter trabalho, melhor que o sonho seja ambicioso. De sonho em sonho, atualmente, a AmBev é a maior empresa de bebidas do mundo.

Presto serviços para essa companhia desde o ano 2000. Por isso conheci muitos dos atuais diretores e VPS desde o início de suas careiras. Por eles e com eles, já andei por quase todo o país, visitei fábricas, distribuidoras próprias (CDDs) e de terceiros. Já fiz rotas com vendedores a pé, andando pelo centro de São Paulo e de Belo Horizonte, assisti a reuniões matinais, reuniões vespertinas e também a algumas *blitz* de segurança. Devo ter realizado, até o momento, cerca de 150 workshops para a AmBev: no Brasil, na Guatemala, na República Dominicana, na Venezuela e no Peru. Para planejar os workshops, tenho que lidar com pesquisas de clima (*Engagement*, como é chamado lá), estatísticas de rotatividade, de promoção, de atingimento de metas e até de acidentes de trabalho, além de receber *briefings* dos projetos. Para tudo isso, preciso entrevistar muita gente.

Por diversas vezes testemunhei a transformação de Pessoas Comuns que ao entrar na companhia se tornaram Pessoas Excelentes, aos poucos, através da magia da cultura empresarial, levada a eles pelos gestores. Os princípios são incansavelmente repetidos nas reuniões. Por exemplo: "Gente excelente atrai mais gente excelente, mas o contrário também é verdadeiro." ou "Gente excelente gosta de meritocracia, informalidade e sinceridade." Minha preferida é: "Somos uma companhia de donos. Donos assumem resultados pessoalmente."

Essa cultura forte e consistente está ativa em todas as fábricas e CDDs, funciona como um *fire wall*, um verdadeiro antivírus que impede a existência de pensamentos divergentes na cultura empresarial, entre eles, o "Sentimento de Vítima".

Outros colaboradores, com perfil de Pessoas Comuns, mas apegados ao seu estilo, rejeitam o chamado da liderança e, em vez de se tornarem Pessoas Excelentes, acabam se desligando da empresa, em geral, voluntariamente – quando percebem que seu repertório convencional de desculpas não vai "colar" ali. Mas esse mesmo repertório funciona em grande parte das organizações.

Não tive acesso a nenhuma pesquisa sobre culturas empresariais e sua influência nos comportamentos e atitudes dos profissionais, não sei o quanto uma cultura forte pode blindar uma organização, afastando os "Homers!" ou Pessoas Comuns, mas posso afirmar que a AmBev é a organização em que encontrei o maior número de Accountables nestes anos todos.

A palavra Accountability não está no texto da Cultura da AmBev, e nem é preciso que esteja. Quando uma empresa oferece meritocracia e um ambiente de transparência, incentiva a busca por resultados e o pensar e agir como dono, a Accountability floresce naturalmente na mente das pessoas. O resultado dessa cultura foi reconhecido na declaração de um dos maiores ícones da economia americana, o megainvestidor, Warren Buffet: "Nunca vi um time de executivos tão capazes como o formado por Jorge Paulo Lemann", disse ele, em entrevista à CNBC (Consumer News and Business Channel).

BANCO PANAMERICANO – ACCOUNTABILITY NÃO VEM COM CARGOS E NEM COM TÍTULOS

A combinação mais nociva possível, para uma organização, é a presença de um agressivo sistema de bônus com uma fraca cultura de princípios morais e éticos.

Em 2010, foi revelada uma fraude contábil de 4,3 bilhões de reais, supostamente praticada por executivos do Banco PanAmericano. Em setembro de 2012, a 6ª Vara Federal Criminal acatou a denúncia contra 14 ex-diretores do banco, que agora são réus no processo que apura o rombo na instituição. De acordo com o procurador da República responsável pelo processo, "há fortes indícios de que os executivos da área comercial agiam com intenção (dolo), ocultando de forma fraudulenta e consciente os problemas da instituição."

Os executivos denunciados possuíam cargos, títulos, formação superior, e até MBAs, mas nada disso é garantia de caráter, integridade e responsabilidade Social, que são atributos essenciais para profissionais da área financeira. A Accountability deveria vir com títulos, cargos e níveis hierárquicos, mas infelizmente não é assim. Tenzin Gyatso, o XIV Dalai Lama, disse que "a adoção de uma atitude de Responsabilidade universal é essencialmente um assunto pessoal". É verdade, a Accountability surge com a decisão genuína de um indivíduo de contribuir da melhor forma possível, mesmo quando há um preço alto a pagar.

As atitudes que as pessoas bem-sucedidas tomam diante das dificuldades – ou nos momentos de "azar" – sempre revelam seu real caráter. O banco
pertencia ao Grupo Silvio Santos, de Senhor Abravanel, mais conhecido como
Silvio Santos – que não tem formação acadêmica e nem MBA – e deu em
garantia seus bens pessoais e suas empresas (30, ao todo, entre as quais a rede
de televisão SBT, a fábrica de cosméticos Jequiti e o hotel Jequitimar). "Ele
compareceu prontamente e nunca se furtou da responsabilidade, não tentou
fugir do compromisso com a imagem, com os clientes, os credores e os empregados", disse, na época, o diretor de Fiscalização do Banco Central.

Esse é o tipo de virtude que pode explicar como um homem que
começou a vida profissional como camelô, aos 14 anos, chegou a construir um
grande grupo empresarial. Silvio Santos não se pronunciou com os tradicio-
nais clichês, nunca disse "Eu não sabia!"; "Eu não fui avisado!" ou "Isso é de
responsabilidade deles!", ao contrário, sua postura foi de: "Eu sou o responsável
e podem contar comigo!"

Em 2013, a revista *Forbes* o incluiu entre os bilionários do ano, com um
patrimônio de US$ 1,3 bilhão. Aos 82 anos, Silvio Santos é a primeira celebri-
dade artística brasileira a fazer parte da lista.

No site da *Forbes*, o jornalista Anderson Antunes escreveu: "Pode-se,
facilmente, dizer que não há, no Brasil, muitas pessoas tão empreendedoras e
bem-sucedidas quanto Silvio Santos, que paralelamente à sua carreira na TV
construiu um império fora do seu show, no mercado imobiliário, financeiro e
de produtos de beleza"[1].

"DEPOIS QUE PASSOU A URGÊNCIA DE SOBREVIVER, EU SÓ PENSAVA EM ENCONTRAR UM CAMINHO." – O CASO DO JOVEM QUE SE TORNOU DONO DE UMA ESCOLA DE ARTE

Rodrigo Hübner Mendes, presidente da Associação Rodrigo Mendes –
uma escola de arte inclusiva na qual 70% dos alunos são deficientes físicos –, não
fala muito sobre o motivo pelo qual ficou tetraplégico aos 19 anos, em 1990. Ele

---

[1] No original: "One could also easily say that there are not many people as entrepreneurial and successful
as Santos in Brazil, as parallel to his television career he built an empire off of his show, with interests
in media, real estate, finance, and beauty products".

e as pessoas de sua família dizem que foi "um acidente". O que importa, para eles, é o que fazem a cada dia. Ninguém dirá que a condição de Rodrigo foi consequência de um tiro que atingiu sua coluna cervical, nem que esse tiro foi disparado por um assaltante; ninguém contará que Rodrigo saiu de dentro de sua casa, quando percebeu o assalto, para defender quem estava sendo roubado. Ninguém da família se demora em procurar culpados por ele estar em uma cadeira de rodas, nem perde tempo em fazer a pergunta errada: "E se tivesse sido diferente?

Rodrigo diz:

> Não foi um ambiente de sofrimento como poderia ter sido, até porque eu tinha minha família toda do meu lado, e também os amigos. Eu tive uma adolescência muito densa, muito boa. Houve momentos que não gostei de ter que mudar minha vida, mas senti uma coisa nos primeiros meses: eu sabia que, antes de mais nada, tinha que sobreviver. Eu tive uma lesão bem problemática, poderia ter morrido. Depois que passou essa urgência do sobreviver, eu só pensava em encontrar um caminho.

Rodrigo é o segundo dos três filhos de Sonia Hübner Mendes. Estudou "a vida inteira", como ele diz, no Colégio Visconde de Porto Seguro, uma escola alemã de São Paulo e depois se formou em administração de empresas na EAESP, a escola da Fundação Getúlio Vargas. Em uma entrevista ao portal *Planeta Educação*, ele conta:

> Na adolescência, decidi que queria ser médico. Quando eu tinha 14 anos, machuquei o joelho jogando futebol, rompi o menisco e fiz uma pequena cirurgia com um ortopedista. Ele resolveu meu problema, achei aquilo o máximo e reforçou a minha vontade de ser médico. Quando eu estava fazendo cursinho para o vestibular, ocorreu meu acidente. Tive então uma ruptura, uma mudança de caminhos. Comecei a me dedicar à fisioterapia o dia inteiro, sempre em passos pequenos. Depois de um ano nesse ritmo, comecei a ter condições de sair um pouco mais de casa e foi quando recebi o convite pra começar a pintar.

Sonia, que trabalha com ele na ARM (Associação Rodrigo Mendes), conta que "todos diziam que ele ia ser um vegetal, viver deitado o resto da vida.

> Como mãe, era doloroso para mim, mas ao mesmo tempo eu tinha que ser forte, porque senão, como ele iria ficar? Depois de alguns meses, fomos a uma festa e lá um artista disse que ele poderia pintar com a boca. Era o Luca Vitale. O Rodrigo começou a pintar e, em setembro de 1991, fizemos uma exposição na casa de um amigo. Foi um grande dia, uma noite mágica. O Rodrigo tinha pintado 60 telas em três meses, vendeu tudo em quarenta minutos. Nesse dia, ele me disse que queria fundar uma escola. Na época, nem pensávamos em associação. Eu era funcionária pública... Mas achei o máximo. Alugamos uma casa no Brooklyn com o dinheiro da exposição.

A ARM, atualmente, funciona em um imóvel próprio no Morumbi. Merece um livro inteiro só para a sua história, aliás, o livro existe. Mas, aqui, basta dizermos que, cinco anos depois de ter parado de estudar, Rodrigo entrou para a Escola de Administração de Empresas da FGV, onde se graduou, fez o mestrado e o doutorado. Os conhecimentos de gestão que aplica na sua associação, fizeram dela o sucesso que é, com parcerias com outras grandes empresas. Como por exemplo, a Tilibra, que usa obras de alunos da ARM para as capas dos seus cadernos: a entidade recebe 7% do valor de venda e o aluno, autor do quadro, recebe 20% disso, como direito autoral. Com a Bauducco, a parceria é para as caixas especiais de biscoitos, produzidas no Natal.

Rodrigo nunca quis doações, quer parcerias.

Capítulo 9

Como criar Accountables a partir de pessoas comuns

> Não há despertar de consciência sem dor,
> as pessoas farão de tudo, chegando aos limites do absurdo,
> para evitar enfrentar a sua própria alma.
> Ninguém se torna iluminado por imaginar figuras de luz,
> mas sim por se tornar consciente da sua própria escuridão.
>
> – Carl Jung –

Comparo Pessoas Excelentes com frutas de alta qualidade, especiais no sabor, no aroma e na cor. Quando expostAs, essas frutas se destacam, atraindo todos, se forem colocadas como ingredientes em um prato elaborado por um chef, fazem uma enorme diferença, um simples pedaço de fruta transforma o prato em uma obra de arte.

Já as Pessoas Comuns, são como frutas que sobraram no fim da feira. São baratinhas, têm algum valor nutritivo, mas têm uma aparência ruim e, em alguns casos, já passaram do ponto, ou, então ainda estão verdes, só servindo para fazer geleia ou suco. Nada contra frutas de fim de feira... Tudo depende do que se pretende fazer com eles. Para comer *in natura*, para laminar, em um belo prato de frutas, para a cobertura das tortas ou na preparação de *sorbets*, as frutas de alta qualidade são as mais indicadas, mas para fazer sucos industrializados, geleias e doces em compotas, frutas comuns podem ser aproveitadas, e oferecem a melhor relação custo/benefício. Ilude-se quem acredita que pode obter o mesmo resultado em sua produção quando usa uma fruta comum no lugar de uma excelente.

Onde está a diferença? Na seleção e no cultivo. Frutas de alta qualidade precisam só de três elementos – boas sementes, solo nutritivo e água. Pessoas também precisam de três elementos para serem cultivadas: talento, um bom ambiente e *feedback*. O *feedback*, para as pessoas, equivale à água para as frutas. Assim como existe um processo correto de irrigação, e não basta jogar água no pomar, em qualquer quantidade e a qualquer hora do dia, também o *feedback* precisa ser dosado corretamente.

Sem transparência, não há *feedback* genuíno

Aprendi que todas as pessoas gostam de receber *feedbacks* – desde que sejam elogios... O problema é que, se só houver *feedbacks* positivos, o desenvolvimento de atitudes excelentes passa a depender do bom senso de cada pessoa e é um processo muito lento. Em um mundo globalizado, em que as empresas de sucesso exibem alta performance, velocidade é importante. E transparência é uma das bases para o desenvolvimento. Sem transparência, não há *feedbacks* sinceros e genuínos, e sem os *feedbacks* adequados, não há desenvolvimento de comportamentos e atitudes.

Seria como jogar boliche com uma cortina escura na frente dos pinos: o jogador teria que se orientar apenas pelo som, para saber quais caíram e seu desenvolvimento seria lento, baseado unicamente na adivinhação. Pior do que a lentidão do seu desenvolvimento, seria a sua autoimagem: alguns iriam se achar "muito bons", acreditariam ser grandes jogadores, quando na realidade, teriam deixado muitos pinos em pé. Outros, por falta de autoconfiança, talvez, se acreditariam medianos, mesmo que na realidade, fossem ótimos. Para piorar, imaginem que alguém com acesso aos resultados da jogadas pusesse junto à pista de boliche um placar, depois de algumas partidas, com os resultados reais de cada jogador, alguns jogadores iriam se revoltar contra o placar, não aceitariam a verdade.

É o que ocorre nas empresas quando os colaboradores não aceitam os resultados da avaliação do seu desempenho, ou da distribuição de bônus, ou a razão de não terem sido promovidos. É o que acontece também quando o RH implanta uma ferramenta de avaliação de desempenho, mas os colaboradores não vivem no seu dia a dia uma cultura de transparência, não recebem de seus gestores o *feedback* correto, na quantidade necessária. O resultado é que a avaliação, que deveria ser uma bela entrevista, produzindo um plano de desenvolvimento pessoal (PDI), acaba se transformando em uma obrigação formal.

Para que haja uma verdadeira cultura de transparência, é preciso erguer a cortina e permitir que as pessoas vejam seus acertos e seus erros. Em uma equipe, a cultura de transparência é construída por todos, mas o exemplo tem que vir do gestor. Só ele pode construir aos poucos um ambiente de transparência – através das suas atitudes, dos seus comportamentos e, principalmente, através da comunicação.

Quando falo em ambiente de transparência, refiro-me a um ambiente aberto a pensamentos diferentes, a novas ideias (venham elas de quem vierem), e também a críticas construtivas (tanto de cima para baixo, quanto de baixo para cima); um ambiente onde não é errado errar; um ambiente regado por *feedbacks* sinceros, tanto positivos, quanto negativos; onde as conversas sejam francas, sem melindres; um ambiente em que o confronto de ideias divergentes seja visto sem mágoas e sem ressentimentos e, principalmente, em que as pessoas não se prendam a lembranças negativas do passado; com um clima que inspire criatividade e inovação, no qual os *feedbacks* não precisem ser pedidos pelo RH e a avaliação de desempenho torne-se um verdadeiro plano de desenvolvimento individual.

No estilo de comunicação do "chefe" tradicional, acredita-se que "manda quem pode e obedece quem tem juízo". Esse sistema não produz um ambiente adequado para a transparência e mata qualquer possibilidade de que a Accountability floresça. Gestores que têm a necessidade de um grande controle sob o grupo sentem, na verdade, um grande medo que determina seu desconforto para lidar com opiniões e pensamentos diferentes do seu. O excesso de controle implanta o temor e retira a espontaneidade. Quanto mais um gestor tentar controlar seu grupo, menos responsáveis as pessoas desse grupo se tornarão. Para ser uma virtude genuína, a Accountability, precisa ser espontânea. O excesso de controle não combina com Accountability.

COMO DAR UM *FEEDBACK* GENUÍNO

1. Planejamento

Alguns *feedbacks* realmente não devem ser adiados e precisam ser oferecidos na mesma hora em que ocorre algum problema sem planejamento. E o *feedback* espontâneo pode ser um bom recurso de liderança, mesmo sem muitos argumentos. Mas, na maioria das situações, é possível fazer alguma flexibilização em termos da escolha do dia para conversar.

Se for bem planejado e estruturado, o *feedback* torna-se uma poderosa ferramenta de influência.

Fazer o planejamento é mais simples do que pode parecer:

*   Tente se lembrar das contribuições que esse colaborador já trouxe para a empresa, pense no histórico dele, avalie o quão importante é esse cargo para a sua área;
*   Leve em conta a fase em que seu colaborador se encontra. Não só no aspecto profissional, mas, principalmente, do ponto de vista da vida pessoal. Essa ponderação não deve ser uma desculpa para postergar definitivamente o *feedback*, mas apenas para calibrar o tom do *set-up* (veja no passo 2, "Preparação") e evitar constrangimentos desnecessários, como, por exemplo, agendar uma intensa reunião de *feedback* para o dia do aniversário de alguém;
*   Prepare-se para receber possíveis resistências verbais e organize os argumentos com os quais pretende contorná-las. Esse exercício ajuda a minimizar as chances de ser pego de surpresa por uma reação inesperada;
*   Mantenha o celular desligado e peça para que a outra pessoa faça o mesmo. Além de evitar que vocês sejam interrompidos, **desta forma, você também evita que seu** *feedback* **seja gravado sem a sua autorização;**
*   Agende o horário para a conversa, mas não avise que a intenção será dar um *feedback*. Pela manhã, as pessoas estão mais leves e tendem a

receber melhor uma conversa mais densa. Na parte da tarde, em geral, estão um pouco cansadas. Mas, ainda assim, é melhor um *feedback* à tarde, do que *feedback* nenhum;

- Escolha um bom local para a reunião;
- Prepare-se para mostrar pontos positivos, antes de começar a dar o negativo. Assim, o gestor demonstrará maior senso de justiça. Você pode usar frases como: "É muito bom que você tenha atingido a sua meta nos meses de março e abril. Mas, nos últimos dois meses...", ou "Olha, eu sei que você se esforçou bastante no semestre passado para melhorar o clima na sua área, mas ainda está distante do que a nossa empresa espera...". Com ponderação, você consegue uma melhor resposta;
- Lembre-se de que seu papel é fundamental para o desenvolvimento das pessoas da sua equipe.

2. Preparação

Leve anotações. Não importa o formato, cada pessoa tem seu estilo de anotar lembretes, podem ser frases em um bloco de notas ou tópicos em um *Post-it* ou, até mesmo, anotações digitais em um smartphone ou em um tablet. Agindo assim, você demostra que houve planejamento, que você investiu tempo em preparar a reunião. Isso demostra seu interesse no resultado da reunião e também respeito para com o outro. Deixe que a pessoa que recebe o *feedback* perceba que você está consultando suas notas, mas não precisa dizer: "Olha, eu até trouxe aqui umas anotações..."

3. *Set-Up* Mental

Antes de iniciar, faça o seu *set-up* mental:

- Tenha em mente que você se preparou, mas que aquele que receberá o *feedback* não. É possível que a pessoa se surpreenda – e ser pego de surpresa não contribui para um processo produtivo de reflexão. Evidentemente, a intenção de um *feedback* é que venha a ser produtivo, modificando alguma atitude negativa do seu colaborador;
- Discipline-se para falar olhando nos olhos da outra pessoa. Pode parecer desnecessário lembrar isso a alguém, mas já presenciei *feedbacks* nos quais o gestor olhava para mesa, passava os olhos rapidamente pela pessoa com quem estava falando e, em seguida, voltava a desviar o olhar (esse comportamento é mais frequente, quando o gestor e o

colaborador não são do mesmo sexo). Evitar o contato visual demonstra constrangimento. Essa postura não transmite confiança ao colaborador e enfraquece os argumentos;

- Comece a reunião avisando que você tem um *feedback* para compartilhar, e que você está fazendo isso porque realmente acredita que fará bem ao seu colaborador;

- Peça para não ser interrompido no meio de sua fala, mas diga que, ao final, você receberá os comentários sem restrições;

- Diga que o *feedback* é um processo a ser realizado a quatro mãos. A parte de quem dá o *feedback* é preparar o que dizer, a partir de suas observações, escolher o momento e o local e compartilhar o *feedback*; a parte de quem recebe o *feedback* é ouvir, e refletir. Se a pessoa percebe que o *feedback* será positivo para sua carreira, irá agradecer;

- Diga que tentará falar da mesma forma como gostaria que falassem com você, se fossem lhe dar um *feedback*. E aja de fato assim. Pense em como você se sentiria, se ouvisse de alguém o que vai dizer ao seu colaborador;

- Peça para que a pessoa, após o *feedback*, faça sua lição de casa. Peça que reflita sobre o que foi dito, se fizer sentido para ela, que faça bom proveito, ponha em prática as decisões que tomar a partir da reflexão e mude seu comportamento. Mas diga também que, se a pessoa achar o que foi dito por você sem sentido, ela poderá descartar o *feedback*, porém, deverá assumir a responsabilidade por essa decisão.

4. Objetividade

Vá direto ao ponto. Fazer rodeios e longas introduções só aumenta a ansiedade de quem vai ouvir o *feedback*, tais desvios vão formando lacunas na mente de quem ouve e essas lacunas acabam sendo preenchidas por medo e ansiedade, fazendo com que a pessoa pense no pior, acreditando, por exemplo, que será demitida. Além disso, a demora a entrar no assunto permite que a pessoa comece a preparar sua mente para defesa, o que dificultará ainda mais a compreensão. Ir direto ao ponto, agindo com naturalidade, é o melhor caminho.

Para ser objetivo, siga um roteiro:

- Faça uma breve introdução dizendo o quanto essa posição ou cargo é importante para a empresa - evite ao máximo falar sobre a pessoa. Fale sobre o cargo, sobre a função;

- Diga da forma mais clara possível o que seu colaborador está fazendo de certo, as contribuições que ele trouxe e está trazendo para a empresa – nesse momento, você pode falar da pessoa, porque você está trazendo à conversa os aspectos positivos;

- Volte a falar do cargo. Diga claramente o que você espera deste cargo ou posição. **Não acuse!** Não busque características pessoais negativas de seu colaborador para apoiar seus argumentos. Não diga coisas como "Você é muito teimoso!" ou "Você é orgulhoso!" Em vez de dizer, por exemplo, "Você é grosso!", prefira frases como "Esse é um cargo de respeito. A pessoa que ocupa esse cargo não pode tratar a recepcionista dessa forma.";

- Além de evitar falar de características pessoais negativas, evite acusações que usem palavras como "nunca" ou "sempre". Evite frases como: "Você <u>nunca</u> diz bom dia à sua equipe!" ou "Você <u>sempre</u> chega atrasado". Frases assim podem fazer com que o engajamento entre você e seu colaborador fique comprometido;

- Aumente levemente a gravidade das consequências negativas de uma baixa performance, ou amplie o comportamento inadequado com frases como: "Imagine se *todos* na organização tivessem uma performance assim?" ou então "Como seria o ambiente na empresa se metade das pessoas tratassem as outras da forma como você tratou a nossa recepcionista?" Pode parecer um recurso cruel, mas, na realidade, é para o bem da própria pessoa. Quando você magnifica as consequências, você aumenta a percepção do problema no cérebro, tornando-o mais visível para a outra pessoa;

- Esse é o momento no qual seu colaborador estará mais tenso. Confirme isso observando sua linguagem corporal. Procure ver a posição dos braços, por exemplo, se estão cruzados, tensos, ou soltos e relaxados; observe se ele está apertando alguma coisa com as mãos com força. Uma caneta ou talvez um pedaço de papel... Ou se, em vez disso, as mãos estão soltas e relaxadas. E os lábios? Estão tensionados, apertados? Ou estão com aparência normal? Note se ele tapa a boca com uma das mãos.

5. Recuperação

- Você não deve deixar seu colaborador ficar muito tempo nessa tensão. Um pouco de tensão é bom porque estimula o processo de reflexão, mas em excesso a tensão pode fazer a pessoa chegar a conclusões equivocadas. Não é aconselhável ficar sem ver a "luz no fim do túnel";

- Uma vez que ficou claro que o problema existe, coloque-se como parte da solução! Mostre-se disposto a ajudar, não diga "Agora é com você", por exemplo. Pelo contrário, mostre solidariedade, assim, você dá ao seu colaborador uma forte sensação de cumplicidade, aumentando o engajamento entre vocês dois;
- Não interrompa o outro quando estiver falando, e muito menos permita que ele interrompa sua fala;
- Deixe claro que você vê nele um grande potencial, e que você tem certeza de que ele pode reverter a situação quando quiser, porque a solução está dentro dele;
- Diga que apesar de o problema ser dele, ele não está sozinho; você está ao lado dele e continuará assim;
- Deixe claro que vocês vão reverter essa situação juntos;
- Coloque-se à disposição para compartilhar conselhos e dicas se a pessoa pedir.

6. Exemplo

O melhor exemplo que você pode dar ao seu colaborador nesse momento, é ouvi-lo genuinamente, com verdadeira atenção.

- Pergunte como ele está se sentindo, após ter ouvido seu *feedback*;
- Peça que ele diga o que mais fez sentido para ele, de tudo o que você disse, e o que menos pareceu fazer sentido;
- Lembre-se de que é a sua vez de ouvir, se ele discordar de você, não contra-argumente. É comum que as pessoas reajam discordando, ao ouvir o *feedback* – mas depois, quando começam a elaborar o que ouviram, colocam-se no lugar do gestor, percebendo suas razões e acabam aceitando o *feedback* e mudando o comportamento;
- Caso o outro insista em discordar de tudo o que ouviu, encerre a conversa. Diga que talvez ele não esteja em condições de conversar naquele momento, mas peça que reflita nos próximos dias, sobre o que ouviu;
- Agende uma nova conversa para dali a alguns dias: no mínimo uma semana depois, para a pessoa ter tempo de pensar sobre o que ouviu, e no máximo duas semanas depois, para não dar tempo de que ela se esqueça do que ouviu.

7. Agradeça e encerre
- Agradeça genuinamente por ter sido ouvido sem interrupções;
- Peça que ele ou ela reflita sobre o que foi dito;
- Finalize com algum toque físico – um aperto de mão, um *high five* ou um abraço, como você se sentir mais confortável. Tome a iniciativa desse contato, e escolha o que lhe parecer espontâneo, desde que seja coerente com a cultura da sua empresa.

COMO RECEBER GENUINAMENTE UM *FEEDBACK*

1. Prontidão
- É difícil prever quando chegará o próximo *feedback*. Mas é possível programar-se para manter a mente sempre aberta, receptiva, pronta para ouvir e não para reagir;
- Pense em compreender o que ouve primeiro, para depois ser compreendido. Isso faz com que, ao receber um *feedback*, seu esforço seja para tentar, genuinamente, entender o que outro está dizendo. No começo é difícil agir assim, mas depois de algum tempo, essa atitude torna-se espontânea.

2. Dê exemplo
- Assim que for convocado, ignore seu celular. Não olhe para ele, nem para ver se há mensagens;
- A regra de olhar nos olhos do outro também vale para quem recebe um *feedback*.

3. Tome notas
- Se possível, anote por escrito os principais pontos do que ouvir.

4. Mantenha o foco
- Nem todos os líderes seguem um processo correto ao dar um *feedback*. Se for o caso do seu gestor, não se prenda a eventuais falhas dele, mantenha o foco no que interessa, ou seja, o significado do que está sendo dito. Procure retirar o que há de mais útil nesse conteúdo, pois todo *feedback* pode ajudá-lo a ser uma pessoa melhor e, consequentemente, um profissional mais completo.

5. Faça perguntas legítimas

- Você tem o direito de entender o que está sendo dito, quais atitudes levaram ao *feedback*. Se precisar, peça exemplos. Faça perguntas desde que seu interesse na resposta seja sincero;

- Não faça perguntas com a intenção de expor falhas no *feedback* ou erros da pessoa que está falando;

- Não peça "provas" do que está sendo dito, nem exija argumentos mais convincentes.

6. Parafraseie

- Parafrasear é dizer, com outras palavras, aquilo que foi dito por outra pessoa. A mensagem principal é a mesma, as palavras é que são diferentes. Ao parafrasear, você demostra que realmente entendeu o que ouviu. Por exemplo: "Entendi... Você está dizendo que eu preciso ser mais gentil com a recepcionista, é isso? E que a minha maneira de falar causou constrangimento à ela e à empresa, é isso?". Agindo assim, você transmite ao seu gestor a certeza de que você compreendeu o *feedback*. Equivale a dizer: "Não se preocupe, entendi o que você está me dizendo."

7. Controle suas emoções

- É normal sentir desconforto ao se ouvir uma crítica, mas isso está ligado à falta de hábito em ouvir *feedbacks*. Quando não estamos acostumados, é muito comum um sentimento de injustiça, de não estarmos sendo compreendidos, mas lembre-se de procurar compreender primeiro para depois ser compreendido. Assim, você terá uma grande oportunidade de se aperfeiçoar. Se a crítica que você ouviu não fizer sentido nenhum para você, ainda assim, há algo de positivo: você exercitou a sua habilidade de escutar. E se a crítica tiver alguma parte, mesmo pequena, que faça sentido, você tirará proveito disso e será uma pessoa melhor, um profissional melhor. Em qualquer caso, ouvir o *feedback* de maneira receptiva beneficiará você.

8. Agradeça

- Agradeça à outra pessoa pelo *feedback*, genuinamente.

9. Reflita

- Se *feedbacks* fossem óbvios, ninguém precisaria nos dizer, nós mesmos perceberíamos as nossas falhas. *Feedbacks*, assim como alimentos, precisam de um tempo para a "digestão" e a melhor maneira de você ajudar nesse processo é parar para pensar e se fazer a seguinte pergunta: "Como eu poderia tirar o melhor proveito desse *feedback* para me tornar uma pessoa ou profissional melhor?"

10. Demonstre mudança

- Não basta ouvir o *feedback* e elaborar a mudança de comportamento ou atitude em silêncio. Se realmente a mudança foi genuína, ela precisa ser externalizada, demonstrando que a mensagem foi ouvida e aceita.

Capítulo 10

Como sustentar a transformação

Cultura de transparência

Um homem pode fracassar muitas vezes, mas ele só se torna um fracasso, quando começa a culpar os outros.

— John Burroughs —

Num ambiente corporativo onde existe a Cultura de Transparência, valoriza-se a franqueza e o enfrentamento saudável. O comportamento de apontar falhas é percebido por todos como uma grande oportunidade de aprendizado e não como um momento de humilhação.

Tive contato pela primeira vez com o tema da Cultura Organizacional em 1985, quando participei de um seminário conduzido por Edgar Schein. Nesse evento, aprendi a importância do hábito de observar os aspectos da cultura de uma empresa. Desde então, analiso os ambientes corporativos nos quais circulo, lembrando de manter um olhar clínico. Afinal, sou psicólogo, é minha vocação.

Quando chego em uma organização, meu radar detecta diversos detalhes: a recepção, o layout dos escritórios, a forma como as pessoas se cumprimentam quando se cruzam nos corredores, o modo como se vestem e que acessórios usam, o modo como se referem uns aos outros (usam apelidos? Nomes? Sobrenomes? Ou títulos como "senhor", "senhora", "doutor", "doutora"?), o serviço de café e água (há uma estação onde as pessoas se servem? Ou há copeiras ou garçons servindo?), a formalidade ou informalidade da comunicação e, principalmente, os comportamentos e as atitudes individuais e coletivas. De todos os elementos mencionados, este último é o que consome mais tempo.

Depois dessa leitura, eu estudo o texto da visão, da missão e dos valores ou princípios da empresa – que geralmente estão no site. Na maioria dos casos, o texto não bate com a leitura que fiz a partir da observação.

Baseado na observação de centenas de ambientes corporativos, listei as principais diferenças entre uma Cultura Fechada e uma Cultura Transparente

Principais diferenças entre a cultura fechada e a cultura transparente

(Tabela 2)

Cultura Fechada	Cultura Transparente
Formalidade	Simplicidade
Melindre	Franqueza
Orgulho	Humildade
Medo de enfrentar seus erros	Usa os erros como aprendizagem
Corporativismo: o relacionamento entre os pares e a política empresarial estão em primeiro lugar.	Pensamento de Dono: a empresa e seus resultados estão em primeiro lugar.
Falso Positivo: durante uma reunião, aparentemente as pessoas concordam com tudo o que é dito, mas internamente discordam. Logo, aquilo que foi combinado não será cumprido.	Enfrentamento Saudável: durante uma reunião, as pessoas dizem o que pensam, discordam face a face, e continuam a se relacionar como se nada tivesse acontecido.
Apego	Desprendimento
Expectativas Imaturas: com relação às obrigações e deveres da empresa (reconhecimento de colaboração, promoção, bônus), não são externalizadas em forma de *feedback* para o gestor, mas sim aos pares e colegas, em forma de fofoca e críticas à organização.	Sonho Diurno Compartilhado: as expectativas em relação às obrigações e deveres da empresa são ditas a quem as deve ouvir, e são alinhadas e devidamente calibradas pelo gestor e compartilhadas com os pares e colegas.
Comparação Imatura: quando a "régua" pela qual as pessoas são "medidas" é a comparação com os outros, todos procuram elementos de injustiça (o que os outros possuem, suas instalações, seus recursos, o que recebem e o que fazem).	Comparação Saudável: quando a "régua" é a própria pessoa, cada um se compara consigo mesmo e procura elementos de evolução e de gratidão (o que tem hoje, comparado ao que tinha alguns anos antes).
Mágoa ou Ressentimento: presença de "conta corrente" emocional, com memórias e saldos negativos.	Gratidão: pelo *feedback* recebido, mesmo que não tenha sido no momento mais apropriado e nem da melhor forma.

OS CINCO DESAFIOS PARA SE IMPLANTAR UMA CULTURA DE TRANSPARÊNCIA

Implantar uma nova Cultura de Transparência – ou simplesmente comunicar a todos, de forma eficaz, uma Cultura já existente – consome tempo, energia e dinheiro. Os desafios a vencer, para implantar a Cultura de Transparência são basicamente cinco:

1. Quantidade de colaboradores

Quanto maior o número de colaboradores, maior é o esforço para comunicar, maior é a necessidade de ter "evangelistas" da Cultura, afinal, é muito diferente transmitir uma crença para 50, 500, 5 mil ou 50 mil colaboradores.

Mas pode-se transformar a liderança – todos os gestores, do presidente até os supervisores – em palestrantes internos da Cultura, que falarão do tema em todas as oportunidades de comunicação, especialmente nas comunicações face a face. Sem liderança comprometida emocionalmente, não há cultura implantada de forma consistente.

2. Dispersão ou concentração dos colaboradores

Também é importante saber onde os colaboradores estão localizados fisicamente. Faz muita diferença ter colaboradores concentrados em um único país ou em diversos países, com hábitos e costumes diferentes. E, se houver mais de um idioma envolvido, a dispersão é potencializada. Quanto mais espalhados os colaboradores estiverem, quanto maiores forem as diferenças entre eles, maior é o desafio para tornar consistente a Cultura e maior deve ser o esforço da liderança.

3. Número de players no mercado

Quanto menor o número de concorrentes, mais confortável se sente a alta gestão. As exceções são raríssimas. Em geral, uma empresa bem-sucedida em um mercado com poucos *players* tende a se voltar mais para a sua tradição e procurar fazer cada vez melhor o que já faz. Não têm estímulos para ir buscar elementos da cultura de alta performance, que implica em praticar transparência.

4.   Tempo de existência da empresa

Há empresas centenárias, nacionais e multinacionais, que souberam se reinventar, olhando constantemente para o mercado, atentas às mudanças do cenário. Elas existem, mas infelizmente são as exceções, e não a regra. Quanto mais antiga for a empresa, mais tenderá a agir de forma conservadora, presa às práticas, aos processos e às glórias do passado, e menor será a tendência de aderir a uma Cultura de Transparência, que traz para o dia a dia o confronto e o *feedback* franco, elementos que geralmente não combinam com tradição.

5.   Ambição da alta gestão

Mudar a cultura é um esforço muito grande. Com raras exceções, quanto melhor a situação da empresa, mais confortável ela se sente em manter-se como está e menor será o senso de urgência em mudar. Assim, é necessária uma alta gestão com ambição ativa e bem canalizada. Pois, mesmo com lucros e bons resultados, é a ambição dos acionistas ou do controlador que vai colocar a busca por uma cultura de alta performance, com elementos sinceros e transparentes, como algo relevante.

"ESTE BARCO TAMBÉM É SEU!" – O CASO DO CAPITÃO DE MAR E GUERRA QUE TRANSFORMOU O USS BENFOLD EM ORGULHO DA MARINHA DOS ESTADOS UNIDOS

O *USS Benfold*, um barco de guerra de um bilhão de dólares, é o navio mais moderno da marinha norte-americana. Com uma tripulação de 300 homens e mulheres, consegue atingir alvos no mar, na terra e no ar. Sua tripulação é altamente treinada e comprometida. Essa soma de pessoas e equipamento fez com que tivesse um papel fundamental na Guerra do Golfo.

Mas nem sempre as coisas funcionaram tão bem. No início, alguns equipamentos não desempenhavam sua função como deveriam, as equipes não se entendiam, havia discussões entre oficiais e frases do tipo "isso não é minha função" eram ouvidas com frequência. Cada área do navio pensava somente nas próprias atribuições. A liderança autoritária, herdada de uma rígida cultura hierárquica de duzentos anos, só piorava o clima. Uma das mais modernas máquinas militares do mundo chegou a emperrar, por causa de um único fator: gente.

Tudo mudou, quando o comando passou para as mãos do comandante Michael Abrashoff, um oficial que divide as pessoas em dois tipos: *Os Que Acreditam* e *Os Infiéis*. *Os Que Acreditam* compartilham crenças e pensamentos como: "As pessoas podem se tornar cada vez melhores, podem ser excelentes"; "Tudo o que se faz, pode ser feito de um jeito melhor"; "As pessoas que executam funções básicas e operacionais, como os marinheiros, são as que têm maior capacidade para propor a melhor maneira como aquela função deve ser desempenhada". Os Infiéis são ativamente desengajados, além de não compartilhar as mesmas crenças e pensamentos, fazem questão de disseminar nos corredores pensamentos negativos e desanimadores. Abrashoff acredita que o principal papel de um líder é fazer perguntas e ouvir o que as pessoas têm a dizer. Acredita também que quanto mais as pessoas se engajam, quanto mais gostam do processo de ser ouvidas, melhor o resultado.

> Percebi que os jovens neste navio são inteligentes e talentosos. E percebi que meu papel era o de ouvi-los atentamente – ouvir as ideias deles sobre como aperfeiçoar nossa forma de fazer as coisas. O melhor que um comandante pode fazer é ver o navio do ponto de vista da tripulação.
>
> – Abrashoff, 2007–

Com o *slogan* "Esse barco também é seu", ele mudou o modelo mental (*mind set*) daqueles 300 homens e mulheres, o que fez com que eles passassem a agir como se fossem donos do navio.

Abrashoff se interessa não só pelo trabalho dos seus subordinados, mas também por suas vidas pessoais, suas famílias e seus objetivos. Como percebeu que muitos deles queriam fazer um curso de ensino superior, conseguiu que os testes para ingresso nas faculdades fossem feitos no navio. Os efeitos no ânimo da tripulação foram notáveis.

Com esse estilo de liderança, incomum para o meio militar e progressista até mesmo para muitas organizações privadas, Abrashoff desenvolveu em sua equipe um alto senso de Responsabilidade, com foco em resultados. O *USS Benfold* se tornou exemplo de gestão para a marinha norte-americana. Hoje é considerado um modelo a ser seguido, tendo recebido o Troféu Spokane, que é dado a embarcações que têm performance excelente durante dez anos consecutivos.

Apesar de não estar preocupado com reconhecimento do seu mérito ou promoções pessoais, Abrashoff já recebeu 12 condecorações e, atualmente ocupa em Washington um dos cargos mais prestigiados da marinha.

Capítulo 11

A relação entre Accountability, bem-estar e felicidade

A Constituição Americana apenas dá a qualquer pessoa o direito de buscar a felicidade. Mas você é quem tem que ir buscá-la.

Benjamin Franklin

Sempre que posso, sempre que se apresenta uma oportunidade, falo sobre bem-estar e ser feliz. Acho importante fazer isso porque durante séculos os estudos sobre a mente humana focalizaram justamente o oposto, tentava-se entender de que maneira os problemas, as mazelas e as doenças mentais afetam o ser humano. O objetivo da psicologia era conhecer os sofrimentos dos indivíduos mais do que entender porquê as pessoas são felizes. Até hoje, parece haver mais informação disponível sobre depressão e melancolia do que sobre alegria e felicidade.

Antes de entrar no assunto deste último capítulo, faço três observações:

Primeira: pode parecer que estou forçando a barra, empurrando o conceito de Accountability até mesmo no que diz respeito à bem-estar e felicidade, mas peço um crédito a você. Peço que se desarme para ler os argumentos que apresento. Depois, você poderá tirar suas conclusões.

Segunda: frequentemente, o tema *bem-estar & felicidade* é percebido nas conversas como se fosse algo supérfluo, piegas, irrelevante e quase infantil. Enfim, superficial. Talvez quem pense assim acredite que é mais interessante falar sobre tristeza, melancolia ou depressão, ou ache que esses são temas importantes, profundos e sérios.

Terceira: ninguém deve se sentir obrigado a mudar seu estado de espírito. Não estou fazendo apologia da felicidade, e nem acho que temos que estar bem e sermos felizes o tempo todo. Mas convido o leitor a conhecer as mais recentes pesquisas sobre o tema, essas informações podem ser de grande valia para todos.

Pesquisas sobre felicidade

Quando fui estudar psicologia, eu queria conhecer os problemas da mente humana, as psicopatologias, as diferenças entre as neuroses e as psicoses, seus diagnósticos e possíveis tratamentos. Em neurologia, estudamos a anatomia do cérebro, mas não existiam estudos sobre o nosso processo mental ou sobre a nossa criatividade – a capacidade plástica do cérebro, nossa infinita capacidade de fazer associações e de encontrar soluções para problemas que parecem impossíveis de serem resolvidos. Felicidade, criatividade e inovação não eram foco de estudo.

Mas há aulas de felicidade em diversas universidades dos Estados Unidos atualmente. É uma das cadeiras mais populares, entre os alunos de Harvard. Felicidade é uma forma poderosa de produtividade, as pessoas felizes se relacionam melhor, comunicam-se melhor e produzem mais. Há extensas pesquisas sobre o tema, há gente séria fazendo trabalhos importantes nessa área.

Richard Davidson, diretor do Laboratory for Affective Neurosciense e autor do livro *The Emotional Life of Your Brain;* Sonja Lyubomirsky, PhD, professora da Universidade de Riverside e autora do livro *The How of Happiness – A New Approach to Get the Life You Want*; Daniel Gilbert, professor da Universidade de Psicologia de Havard e autor do livro *Stumbling on Happiness*, são alguns dos nomes de pesquisadores da felicidade.

O Dr. Ed Diener, coautor de *Happiness: Unlocking the Mysteries of Psychological Wealth* e *The Science of Well Being*, estuda e pesquisa esse tema desde 1981, coletando informações sobre comportamentos e atitudes. Ele estuda principalmente gêmeos, e entre suas maiores conclusões está uma proposta de composição de felicidade.

Do que é composta a nossa felicidade?

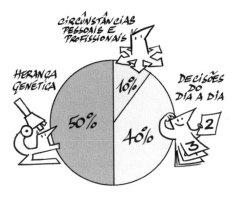

No documentário *Happy*, de Roko Belic, lançado em 2012, são apresentados estudos que indicam que fatores genéticos são responsáveis por 50% da nossa felicidade. Mas ainda assim, não temos controle sobre nossa herança genética. É como se o DNA fosse um peso que, não importa o quanto nos inclinemos para um lado, nos fará pender para o outro lado, como um veleiro cuja quilha é o que não o deixa tombar.

10% da felicidade é determinada pelas circunstâncias, como ocupação, cargo, remuneração, onde moramos, nossa idade, as pessoas com quem nos relacionamos, nossas posses. Bens materiais como carro, patrimônio pessoal, coisas que compramos (ou adquirimos de outra forma) podem nos dar momentos de prazer, mas não tornam feliz uma pessoa.

40% compõe-se de ações intencionais. Coisas em que podemos interferir, como as palavras e expressões que decidimos usar com os outros. Também estão nessa porcentagem pensamentos que repetimos diversas vezes em nossas mentes, diálogos mentais intermináveis com os quais tentamos resolver uma discussão com alguém, sem que a outra parte esteja presente. Além disso, atitudes que escolhemos ter para com os outros são atos que podem nos trazer consequências. Podem trazer remorso ou culpa, resistência em nos adaptar às mudanças que a vida nos impõe, como envelhecimento, separação, perda de status, de relacionamentos e de pessoas. O modo como lidamos com tudo isso é determinado por nós mesmos, é controlável pela nossa vontade e reflete diretamente em ser ou não ser feliz.

Pesquisas citadas pelos autores mencionados anteriormente sugerem, fortemente, que a sensação de felicidade é produzida pela dopamina, um dos quase 40 neurotransmissores do nosso cérebro. A dopamina é responsável pela sensação de prazer e felicidade. A partir da adolescência, começamos a produzir menos dopamina. O caso extremo é a doença de Alzheimer, na qual as pessoas têm produção zero de dopamina.

O pesquisador Mihaly Csikszentmihalyi, no livro *Flow – The Psychology of The Optimal Experience*, demonstra que o esforço genuíno e sincero em realizar uma atividade qualquer, seja um trabalho ou ação voluntária, uma travessia ou uma viagem, já é o suficiente para gerar uma grande quantidade de dopamina, o mero esforço de tentar produzir algo de bom, já faz isso no nosso cérebro.

Outro dos agentes que mantém nosso cérebro produzindo dopamina é a atividade física, de preferência ao ar livre, em contato com o sol, o vento ou a água – os elementos da natureza.

Um grande equívoco é atribuir a felicidade ou infelicidade a eventos isolados. Se alguma coisa de muito errado acontece, algumas pessoas tendem a achar que aquilo as deixará infelizes para o resto da vida. Na realidade, só provocará uma tristeza temporária, mas não definitiva. O mesmo pode ser dito sobre a felicidade que não está associada a um evento.

O Dr. Howard Friedman e a Dra. Leslie Martin concluíram que existe uma relação entre felicidade e vida longa. Mas descobriram isso por acaso, estavam pesquisando a longevidade, vasculhando fichas e relatórios sobre as pessoas que participaram do Estudo Terman[1] e acabaram realizando o maior estudo sobre longevidade humana, que deu origem ao livro *The Longevity Project: Surprising Discoveries for Health and Long Life from the Landmark Eight-Decade Study*.

Entre as fantásticas conclusões a que chegaram, dizem que embora não existam estudos que comprovem a correlação entre felicidade e longevidade, e nem que pessoas infelizes vivem menos, "os *catastróficos* – pessoas com pensamentos pessimistas – (...) morrem mais cedo, especialmente mais homens do que as mulheres" e "que esses têm relações superficiais com os outros e não conseguem encarar seus problemas". No capítulo 4, "Happiness and Health",

---

[1] Pesquisa citada aqui, no terceiro capítulo, conhecida pelo nome de Estudo Termam (The Termam Study).

A RELAÇÃO ENTRE ACCOUNTABILITY, BEM-ESTAR E FELICIDADE

eles afirmam que "o grande impacto da felicidade e do otimismo na saúde é em encorajar hábitos saudáveis, vida mais regrada e consciente, como por exemplo ter horários para tomar medicação e se alimentar corretamente". Outra conclusão é que o mais importante é ter alguém cuidando de você, e também poder cuidar de outra pessoa.

Gordon Livingston trabalha como psicanalista desde 1967, tendo se formado na Academia Militar de West Point e, como psiquiatra, pela Escola de Medicina Johns Hopkins. É um profissional com mais de quarenta e sete anos de experiência em consultório, mas também com uma rica experiência de vida, por ter perdido um filho por overdose e por ter servido no 11º Regimento de Cavalaria Armada no Vietnam. Quando seus pacientes o procuram querendo receber uma receita para comprar um remédio para depressão, ele diz: "Tenho uma notícia boa e outra ruim. A boa é que existem remédios que tratam os sintomas da depressão. A ruim é que não há pílulas para a felicidade. A felicidade não é a ausência de sintomas de depressão, e sim uma postura ativa de afirmação de que a vida tem propósito e prazer".

COMO A ACCOUNTABILITY PODE NOS AJUDAR A SERMOS MAIS FELIZES?

1. Somos responsáveis por pequenas decisões, no dia a dia, que impactam diretamente nosso humor e nosso estado de espírito. 40% da composição da felicidade está sob o nosso controle, nossa responsabilidade.

2. A atividade física é uma grande fonte de produção da dopamina, um dos neurotransmissores responsáveis pela sensação de bem-estar e de felicidade – principalmente quando realizada ao ar livre, em contato com a natureza, com o vento, a água, o sol. Depende de nós fazer com que a dopamina seja produzida: atividade física é algo que ninguém pode fazer por nós.

3. Realizar uma tarefa com alegria transmite o bem-estar a quem está perto de nós. Por outro lado, fazer qualquer coisa de má vontade ou se queixando da obrigação a ser realizada, nos torna infelizes e contamina os outros. O prazer sincero de assumir a responsabilidade por uma tarefa, remunerada ou voluntária, é o suficiente para gerar fortes sensações de realização, prazer e felicidade. Pode ser um curso, um hobby, uma viagem ou, simplesmente, lavar a louça em casa.

4. Nós escolhemos a forma como decidimos reagir aos acontecimentos ruins. É importante entender que coisas ruins acontecem também com as pessoas boas. A emoção negativa relacionada ao evento pode ser apenas momentânea ou pode durar muito tempo. Depende de nós.

5. A resiliência é a capacidade que alguns materiais apresentam de retornar à forma original após terem sido submetidos a uma força externa que os deformou. Estendendo esse conceito aos seres humanos, a resiliência é a nossa capacidade de nos recuperarmos depois de uma tragédia, ou simplesmente de um golpe de má sorte. Essa capacidade de voltar ao nosso estado normal, de nos adaptarmos às condições alheias à nossa vontade, de sermos flexíveis sem perder as nossas características originais é o que faz com que possamos resistir a períodos ou acontecimentos difíceis de enfrentar.

6. Ter uma família, fazer parte de um grupo, ter amigos, boa parte dos pesquisadores concordam que isso é determinante para a felicidade. O contato social é um fator básico para o estar bem-estar, a felicidade só faz sentido quando compartilhada com os outros. Se não tivermos pessoas ao nosso lado, podemos decidir buscar esse contato. A relação com Accountability é direta, já que o relacionamento social implica em atitudes proativas como procurar os amigos, ir a um clube, telefonar para alguém ou convidar pessoas para ir a sua casa. Ficar parado, em silêncio em casa, não promove o relacionamento social.

7. A busca competitiva e obstinada por metas externas, como dinheiro, imagem e status, se for bem-sucedida, pode trazer breves momentos de prazer – mas não de felicidade. A felicidade é um estado de espírito. Já metas internas de crescimento pessoal, respostas a desafios pessoais e o desejo genuíno de ajudar, trazem um sentimento de prazer duradouro e são determinantes para que uma pessoa seja feliz, porque elas nos conectam e nos aproximam uns dos outros.

8. Ter um plano para o futuro, algo para realizar ou para contribuir é fundamental para deslocar-nos do presente e transpor nossa mente para um futuro melhor. A visão de um sonho estimula o lado direito do cérebro, responsável por processar a esperança, o otimismo, a crença – sentimentos que nos acalmam.

9. Compaixão é o sentimento básico para se doar de forma genuína ao outro, é a base para um mundo melhor. Sem compaixão não existe o pensar no outro, o sentimento de empatia, o voluntariado e a tolerância. Sem

compaixão, surge o espaço para se pensar somente em si e o egoísmo, cujo fruto é a intolerância ao que é diferente. O preconceito passa a ser um modelo mental.

Faço um convite a todos para que entendam a felicidade como uma habilidade a ser desenvolvida, aperfeiçoada, e não como algo decorrente de bens materiais ou um traço da personalidade de algumas pessoas que tiveram a sorte de nascerem felizes. Primeiramente, os bens materiais vêm e vão, podem se estragar com o tempo, podem se perder e até ser roubados. Além disso, nós não escolhemos a nossa personalidade, as habilidades são aprendidas. O que pode ser aprendido pode também ser ensinado. É uma questão de destreza, é uma decisão pessoal que todos podem tomar. E é uma decisão de Accountability nossa para com o mundo. Agindo de forma Accountable, seremos pessoas melhores. Todos ganham com isso. Ganhamos um relacionamento melhor, um trabalho melhor, uma empresa melhor, uma cidade melhor e um país melhor.

"É COMO SE TIVESSE UMA MOLA EMBAIXO DE MIM. SE ALGUMA COISA ME EMPURRA PARA BAIXO, IMEDIATAMENTE ESSA MOLA ME JOGA PARA O ALTO." – O CASO DA ADOLESCENTE QUE SE TRANSFORMOU EM LÍDER NA LUTA PELOS DIREITOS DOS CEGOS

Dorina de Gouvêa Nowill nasceu em 1919. Ficou cega aos 17 anos, depois de uma hemorragia ocular que ficou para sempre sem explicação. Era uma moça muito inteligente e resolveu que não iria parar de estudar. Foi a primeira aluna cega a frequentar um curso regular na Escola Normal Caetano de Campos. Começou a estudar o Código Braille – um sistema de pontos em relevo que permite a leitura através do tato.

Logo ela descobriu que não adiantava saber ler, pois não havia livros para serem lidos. Em 1945, foi para os Estados Unidos com uma bolsa de estudos. Especializou-se em educação de cegos no Teachers College da Universidade de Columbia, em Nova Iorque, e voltou trazendo uma máquina de datilografar em braille.

Em 1946, criou com um grupo de amigas, a Fundação para o Livro do Cego no Brasil, que em 1991 foi rebatizada como Fundação Dorina Nowill. Em 1948, a fundação recebeu da Kellogg"s Foundation e da American Foundation for Overseas Blind (AFOB, atualmente, Helen Keller International) uma estação de imprensa completa em braille, com papel e outros materiais. Dorina teve uma reunião com a diretoria da Kellogg"s, em que falou sobre a falta de livros em braille para os cegos brasileiros e sobre a necessidade de se conseguir uma estação de imprensa braille para a fundação que criara aqui.

Ela sempre lutou pela abertura de vagas no mercado de trabalho, para pessoas com qualquer tipo de deficiência física. E preocupava-se com a prevenção da cegueira, além da educação dos cegos. Conseguiu que a reunião do Conselho Mundial para o Bem-Estar de Cegos se realizasse no Brasil, em 1954. Em 1956, ajudou a redigir a regulamentação da lei de integração escolar.

De 1961 a 1973, dirigiu a Campanha Nacional de Educação de Cegos (CNEC) do Ministério da Educação e Cultura, criando serviços para a educação dos cegos em todas os estados do Brasil.

Em 1979, foi eleita presidente do Conselho Mundial para o Bem-Estar de Cegos. Haveria muito mais a dizer sobre sua carreira, já que morreu aos noventa e um anos e a vida das pessoas produtivas tem incontáveis eventos marcantes que iluminam as vidas dos que convivem com eles.

Dorina morreu no dia 29 de agosto de 2010, deixando cinco filhos, doze netos e três bisnetos. O Instituto Dorina Nowill continua ativo.

Considerações Finais

Comecei a pesquisar sobre Accountability em 2003, influenciado pelo meu mentor e amigo Bemvenutti. Foi ele quem me apresentou o trabalho de Connors, Smith e Hickman, intitulado *The Oz Principle*. O livro é uma bela metáfora sobre O Mágico de Oz e a Accountability. Fiquei encantado com o conceito e concluí, ingenuamente, que a Accountability fosse um conceito novo, ocidental, norte-americano.

Em seguida, descobri uma fantástica lenda africana, muito antiga. É a estória de Kiriku [1], um menino pequeno e frágil que desde antes de nascer já conseguia falar e fazer perguntas muito inteligentes. Agindo sozinho, começa a resolver o problema da falta de água em sua aldeia e, finalmente, muda a percepção dos outros moradores com relação a uma feiticeira local. A lenda é riquíssima em elementos de Accountability pessoal.

Apesar de ter ficado surpreso ao perceber que esse conceito já estava presente numa lenda africana (mesmo não sendo chamado de Accountability), fiquei também frustrado por minha conclusão inicial ter ido por água abaixo. A Accountability não é, afinal, um conceito americano, nem é novo: sempre existiu na humanidade.

A Accountability pessoal está relacionada a fazer aflorar o que há de melhor dentro de nós. Se fosse metaforicamente apresentada como uma estrela, teria em sua órbita planetas chamados de Indivíduo, Sobrevivência, Ambição e Responsabilidade Social.

1. Indivíduo – porque parte de nós, e não dos outros. Eu posso não ser parte de um problema, mas tenho uma parte na solução. A solução está comigo, em mim, não nas circunstâncias. *"O êxito está em ter êxito e não em condições de ter êxito, serei o que quiser, mas tenho que querer*

---

[1] Kiriku é uma palavra comum no vocabulário Kiswahili (ou Swahili), idioma presente em países africanos orientais como Quênia, Tanzânia, Etiópia, Moçambique e outros.

ser", como disse Fernando Pessoa. Nosso *slogan* pode ser "Depende só de mim!";

2. **Sobrevivência** – como instinto de preservação, mas no sentido mais amplo. Fisicamente, está presente em casos em que a vida está em risco, mas corporativamente está muito presente em casos de empresas familiares que precisam fazer perdurar um negócio iniciado por gerações anteriores. O *slogan*, nesse caso, seria: "Depende só de mim e vou continuar, não importa como, não vou desistir!";

3. **Ambição** – que é o sentimento oposto a se conformar com a situação atual ou com os resultados atuais, sempre buscando um pouco mais. Pode ser canalizada em várias dimensões como a ambição financeira, material, cultural, acadêmica, social e física. O *slogan* nesse caso seria: "Depende só de mim, vou continuar – e ser cada vez melhor!";

4. **Responsabilidade Social** – como uma preocupação com os outros, um modo de pensar no qual não basta o "Como eu estou hoje" e sim como os outros estão, também. O *slogan* nesse caso seria: "Depende só de mim, vou continuar, cada vez melhor e num mundo melhor!"

Uma família que pratica diariamente a Accountability obtém resultados melhores para seus filhos, em termos de educação, formação acadêmica e escolha de carreira profissional. Uma empresa que tem no seu modelo de gestão conceitos relacionados à Accountability apresenta melhores condições para operar em alta performance, o que representa forte vantagem competitiva em relação aos seus concorrentes. E, finalmente, um país que tem na sua cultura elementos que gravitam em torno da Accountability gera uma sociedade melhor e mais produtiva.

E você? Qual será o seu *slogan* pessoal daqui para a frente?

REFERÊNCIAS BIBLIOGRÁFICAS

LIVROS

ABRASHOFF, Micheal. *Este barco também é seu*. 2. ed. São Paulo: Cultrix, 2007.

CASSINGHAN, Randy. *The true Stella Awards: honoring real cases of greedy opportunists, frivolous lawsuits, and the law run amok*. New York: Dutton Adult, 2005.

FREUD, Anna. *O ego e os mecanismos de defesa*. Porto Alegre: Artmed, 2006.

FRIEDMAN, H.; MARTIN, L. *The longevity project: surprising discoveries for health and long life from the landmark eight-decade study*. New York: Hudson Street Press, 2011.

GARDNER, Howard. *Responsabilidade no trabalho*: como agem (ou não) os grandes profissionais. Porto Alegre: Artmed/Bookman, 2009.

_____. *Frames of mind: the theory of multiple intelligences*. 3th ed. New York: Basic Books, 2011.

HOWARD, Philip K. *The death of common sense: how law is suffocating America*. New York: Grand Central Publishing, 1996.

LEBOW, R.; SPITZER, R. *Accountability: freedom and responsibility without control*. San Francisco: Berrett-Koehler Publishers, 2002.

LIVINGSTON, Gordon. *Too soon old, too late smart: thirty true things you need to know now*. New York: Hudson Street Press, 2011.

MILLER, John G. *Flipping the switch: unleash the power of personal Accountability using the QBQ!* New York: Putnam Adult, 2005.

NELSON, Bob. *Faça o que tem que de ser feito: e não apenas o que lhe pedem*. Rio de Janeiro: Sextante/Gmt, 2003.

PANAS, Jerry; SOBEL, Andrew. *Power questions: build relationships, win new business, and influence others*. New Jersey: Wiley, 2002.

PARRADO, Nando. *O Milagre dos Andes:72 dias na montanha e minha longa volta para casa*. Rio de Janeiro: Objetiva, 2010.

PERRONE-MOISÉS, Leyla (Org.). *Livro do Desassossego de Fernando Pessoa (seleção, organização e introdução)*. São Paulo: Brasiliense, 1986.

SCLIAR, Moacir. *O enigma da culpa*. Rio de Janeiro: Objetiva, 2007.

SITES:

ALIBI NETWORK. Disponível em: < http://www.alibinetwork.com>. Acesso em: 26/09/2013.

BBC BRASIL.COM. Carteiro processa homem que 'manda cartas demais'. Disponível em: <http://www.bbc.co.uk/portuguese/noticias/story/2003/12/031221_carteiroebc.shtml>. Acesso em: 26/09/2013.

BBC NEWS. Postman sues over 'too many letters'. Disponível em: < http://news.bbc.co.uk/2/hi/uk_news/england/west_midlands/3336991.stm>. Acesso em: 26/09/2013.

BÍBLIA CATÓLICA. Disponível em: < http://www.bibliacatolica.com.br>. Acesso em: 26/09/2013.

FORBES. Meet TV star Silvio Santos, Brazil's first ever celebrity billionaire. Disponível em: <http://www.forbes.com/sites/andersonantunes/2013/02/19/meet-tv-star-silvio-santos-brazils-first-ever-celebrity-billionaire/>. Acesso em: 26/09/2013.

FOX NEWS.COM. Navy captain demoted after warship drag race surfaced. Disponível em: <http://www.foxnews.com/story/2010/03/05/navy-captain-demoted-after-warship-drag-race-surfaced/>. Acesso em: 26/09/2013.

GLOBO.COM. Honestidade recompensada. Disponível em: < http://grep.globo.com/Globoreporter/0,19125,VGC0-2703-19650-4-320794,00.html>. Acesso em: 26/09/2013.

PLANETA EDUCAÇÃO. Uma história de conquistas e muita arte! Disponível em: <http://www.planetaeducacao.com.br/portal/artigo.asp?artigo=713>. Acesso em: 26/09/2013.

PROJETO SONHO BRASILEIRO. Disponível em: <http://pesquisa.oso-nhobrasileiro.com.br/indexn.php>. Acesso em: 26/09/2013.

REVISTA TRIP. Bob Burnquist: o skatista conta como desafia a morte no skate enquanto cria uma família exemplar. Disponível em: <http://revistatrip.uol.com.br/revista/174/paginas-negras/bob-burnquist.html>. Acesso em: 26/09/2013.

RIGHT SIDE OF RIGHT. United breaks guitar. Disponível em: <http://www.rightsideofright.com/wp-content/uploads/2010/03/United-Breaks-Guitars-Case-Jan-11-10-21.pdf>. Acesso em: 26/09/2013.

SENTIUM. A public relations disaster: how saving $1,200 cost United Airlines 10,772,839 negative views on YouTube. Disponível em: <http://sentium.com/a-public-relations-disaster-how-saving-1200-cost-united-airli-nes-10772839-negative-views-on-youtube/> Acesso em: 26/09/2013.

TIME U.S. The rise and fall of a female captain bligh. Disponível em: <http://content.time.com/time/nation/article/0,8599,1969602,00.html>. Acesso em: 26/09/2013.

WIKIPEDIA. United breaks guitars. Disponível em: <http://en.wikipedia.org/wiki/United_Breaks_Guitars>. Acesso em: 26/09/2013.

FILMES:

I AM. Direção: Tom Shadyac. Estados Unidos: Universal Pictures, 2010. 80 min.

HAPPY. Direção: Roko Belic. Estados Unidos: Wadi Rum Films, 2012. 75 min.

Projetos corporativos e edições personalizadas
dentro da sua estratégia de negócio. Já pensou nisso?

Coordenação de Eventos
Viviane Paiva
viviane@altabooks.com.br

Assistente Comercial
Fillipe Amorim
vendas.corporativas@altabooks.com.br

A Alta Books tem criado experiências incríveis no meio corporativo. Com a crescente implementação da educação corporativa nas empresas, o livro entra como uma importante fonte de conhecimento. Com atendimento personalizado, conseguimos identificar as principais necessidades, e criar uma seleção de livros que podem ser utilizados de diversas maneiras, como por exemplo, para fortalecer relacionamento com suas equipes/ seus clientes. Você já utilizou o livro para alguma ação estratégica na sua empresa?

Entre em contato com nosso time para entender melhor as possibilidades de personalização e incentivo ao desenvolvimento pessoal e profissional.

PUBLIQUE SEU LIVRO

Publique seu livro com a Alta Books. Para mais informações envie um e-mail para: autoria@altabooks.com.br

CONHEÇA OUTROS LIVROS DA **ALTA BOOKS**

Todas as imagens são meramente ilustrativas.

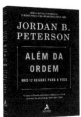

 /altabooks   /alta-books   /altabooks   /altabooks

CONHEÇA OUTROS LIVROS NACIONAIS DA **ALTA BOOKS**

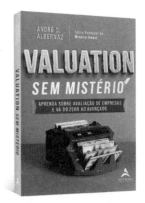

ROTAPLAN
GRÁFICA E EDITORA LTDA
Rua Álvaro Seixas, 165
Engenho Novo - Rio de Janeiro
Tels.: (21) 2201-2089 / 8898
E-mail: rotaplanrio@gmail.com